Warum haben wir Angst vor Sterben und Tod? Und wie können wir diese Angst überwinden? Antworten darauf sucht dieses Buch, das seine Leser intensiv in die Suche einbezieht. Abschließende Antworten gibt es nicht, denn diese Suche ist eine Aufgabe, vor der jeder Mensch sein Leben lang steht.

Ein Weg aus der Angst wird aber erkennbar: Auch wenn man nur einmal stirbt, so haben wir doch die Möglichkeit, im Leben sterben zu lernen. Wem das gelingt, der überwindet die Angst vor Sterben und Tod und ist frei: „Wer zu sterben gelernt hat, Sklave zu sein hat er verlernt" (Seneca im 26. Brief an Lucilius).

Gerhard Pfeifer

Sterben lernen

und ohne Angst leben

www.tredition.de

© 2015 Gerhard Pfeifer

Verlag: tredition GmbH, Hamburg

ISBN
Paperback   978-3-7323-4382-9
Hardcover   978-3-7323-4383-6
e-Book   978-3-7323-4384-3

Printed in Germany

Inhaltsverzeichnis

Ziel der Schrift

Diese Schrift beschäftigt sich mit der Angst der Menschen vor Sterben und Tod. Alle Menschen haben in unterschiedlicher Ausprägung diese Angst, weil sie ein notwendiger Teil des menschlichen Lebens ist, wie wir weiter unten sehen werden. Es gibt natürlich immer wieder Menschen, die ganz entschieden erklären, keine Angst vor Sterben und Tod zu haben und die auch ohne Scheu mit diesem Thema umgehen. Aber da ist Skepsis angezeigt. Meist ist eine solche Haltung nur aufgesetzt, was man erkennt, wenn man das Gespräch vertieft. Im Übrigen wäre eine verlässliche Beurteilung nur möglich, wenn bei den Betroffenen das Sterben auch aktuell ansteht und nicht nur hypothetisch über ein in (vermeintlich) weiter Ferne liegendes Ereignis gesprochen wird. Und es gibt auch durch Krankheit und Leiden gezeichnete Menschen, die sterben wollen. Aber in diesen Fällen wird man davon ausgehen können, dass die Verzweiflung dieser Menschen ihre Angst überwunden hat.

Die Angst der Menschen vor Sterben und Tod ist zwar notwendiger Teil ihres Lebens, zugleich aber auch eine schwere, den Menschen auferlegte Last, unter der sie leiden. Denn die Angst legt sich oft wie ein grauer Schleier über das Leben, auch wenn es noch gänzlich unbedroht erscheint. Sie nimmt zu, wenn die Menschen älter werden und Sterben und Tod immer mehr ins Blickfeld kommen. Die Angst relativiert menschliche Taten mit solch harmlosen Fragen wie „Wozu? Warum?". Seit jeher versuchen die Menschen deshalb, sich dieser Last zu entledigen. Da sie in dieser Welt sterben müssen, aber nicht sterben wollen, haben sie sich eine andere Welt erdacht, in der gelebt, aber nicht gestorben wird. Dieser Gedanke beruhigt zwar ihre Angst, beleidigt aber zugleich ihr Denken, das Leben und Nicht-Sterben-Müssen für unvereinbar erklärt. Dieser Widerspruch ist für die Menschen nicht auflösbar, es bedarf dazu einer Kraft, die das für menschliches Verständnis

Unvereinbare (leben zu können und nicht sterben zu müssen) doch vereinbar macht. Für die Auflösung der Angst hängt dann alles davon ab, dass es diese allmächtige Kraft wirklich gibt. Sie zu bestätigen, ist Ziel aller Religionen, die dieses Ziel mit überwältigendem Glanz, mit hingebungsvoller Liebe, aber auch mit Strenge oder sogar Grausamkeit verfolgen. Niemand darf daran zweifeln, dass es diese Kraft gibt. Und doch zweifeln die Menschen immer wieder und stehen dann der Angst mit leeren Händen gegenüber, sodass sie als vermeintlich einzige Möglichkeit zur Bewältigung der Angst jeden Gedanken an Sterben und Tod aus ihrem Leben verbannen.

Diese Schrift soll die Menschen anregen, sich Gedanken über ein Thema zu machen, das üblicherweise ausgeklammert bleibt, nämlich Gedanken zum Thema Sterben und Tod. Das geschieht in der Hoffnung, die Menschen durch eine Beschäftigung mit diesem Thema dazu zu befähigen, ihre Angst vor Sterben und Tod zu bewältigen.

Das Thema ist in der Gesellschaft ausgesprochen unbeliebt. Wenn doch darüber gesprochen wird oder gesprochen werden muss, erfolgt in aller Regel eine Umdeutung. Sterben und Tod werden als reale Gefahren vorgeführt, vor denen man sich zwar fürchtet, denen man aber nur mit geeigneten Maßnahmen begegnen muss, um die Furcht aufzulösen. Diese Haltung ist nachvollziehbar. Schließlich leben wir in einer Gesellschaft, die sich die Erde untertan machen will. Der Tod widersetzt sich diesem Herrschaftsanspruch allerdings hartnäckig, indem er die Lebenszeit der Menschen einfach zeitlich begrenzt. Alle Herrschaft eines Menschen zerrinnt ihm mit dem Tod wie Schnee in der Sonne. Der Tod ist deshalb eine Gefahr, gegen die zu kämpfen ist.

Jede menschliche Gesellschaft hat dazu einen Medizinbetrieb installiert, der davon lebt, dass wir Sterben und Tod als reale Gefahren wahrnehmen. Es werden Vorsorge (die Gefahr beizeiten entdecken, um sich gegen sie zu wappnen) und eingreifende Behandlungen angeboten. Immer aber entlarvt sich der Versuch, die Angst als Furcht umzudeuten, wenn regelmäßig festgestellt wird, dass die Krankheit entweder zu spät entdeckt wurde (mit der Implikation, bei früherer Entdeckung wäre sie heilbar gewesen) oder dass sie (ein Schuldvorwurf) bei gesunder Lebensführung zu vermeiden gewesen wäre. Und wenn der Mensch trotz frühzeitiger Entdeckung der Krankheit und trotz gesunder Lebensweise doch stirbt (wie es regelmäßig geschieht), so wird erklärt, dass die Krankheit noch nicht heilbar ist (zur Beruhigung der Überlebenden: Es ist nur eine Frage der Zeit, bis das Heilmittel entdeckt wird).

Entscheidend ist es für den Medizinbetrieb, lediglich Furcht vor einer Krankheit (mit der Drohung, daran zu sterben), aber keine Todesangst aufkommen zu lassen. Denn Todesangst führt in diesem Selbstverständnis des Medizinbetriebes in den Abgrund, weil es für sie keine medizinische Behandlung gibt und geben kann, wie aus den Ausführungen weiter unten deutlich werden wird.

Was also ist unsere Todesangst? Wenn wir uns prüfen, so werden wir feststellen, dass auch in einem Zustand guter Gesundheit und Leistungsfähigkeit Gedanken an das eigene Sterben und den eigenen Tod von einer eigentümlichen Betroffenheit begleitet sind. Die Betroffenheit besteht, auch wenn eine reale, uns bedrohende Gefahr nicht erkennbar ist. Sie wird als eine unbestimmte Drohung empfunden, die Angst macht.

Nun kann man natürlich fragen, warum man sich über eine Unvermeidlichkeit wie den Tod Gedanken machen soll. Auf den Tag folgt unvermeidlich die Nacht, das Fest wird notwendigerweise einmal enden, irgendwann ist die Reise vorbei. Jeder vernünftige Mensch erklärt auf eine entsprechende Frage, genau zu wissen, dass alle Menschen sterblich sind, Sterben und Tod also ganz natürliche Stationen in jedem Leben darstellen.

Aber die Gedanken an Sterben und Tod sind von anderer Art als die bedauernde Feststellung, dass auch das schönste Fest endet. Sterben und Tod sind insofern ein besonderes Thema, als das Thema irgendwann jeden beschäftigen wird und sich doch keiner damit beschäftigen will.

Über diesem Thema liegt ein gesellschaftliches Tabu. Sie können jemanden fragen, wann er heiraten wird, vielleicht auch noch, wann das erste Kind kommt. Sie können jedoch niemand fragen, wann er sterben wird (auch wenn der Gesundheitszustand erkennbar schlecht ist). Allenfalls spricht man darüber mit jemandem, dem man in tiefer Freundschaft verbunden ist, nicht jedoch mit guten Bekannten. Ja, es ist geradezu ein Zeichen tiefer Verbundenheit, wenn man mit jemandem über dieses Thema sprechen kann. Die Menschen wollen alles Mögliche, sterben will niemand. Es erscheint auch ganz undenkbar, dass jemand erklärt, er freue sich darauf, bald zu sterben (es sei denn, Krankheit und Leiden hätten seine Angst überwunden). Die schlimmste Strafe ist die Todesstrafe, der gegenüber eine jahrzehntelange Haft als Begnadigung empfunden wird.

Natürlich kann man über die mit dem Tod zusammenhängenden rechtlichen Fragen mit einem Notar sprechen, aber dann bleibt alle gefühlsmäßige Beteiligung ausgeschlossen. Wenn Sie jedoch Gefühle zulassen, dann sind die Gedanken an Sterben und Tod regelmäßig begleitet von Scheu und ängstlichem Erschauern.

Das Thema Sterben und Tod wird von den Menschen in der Regel beiseitegeschoben, irgendwo verwahrt, wo es aus dem Gesichtskreis geraten soll. Allerdings bleibt das Bewusstsein, dass die Sache unerledigt ist. Gelegentlich wird vielleicht ein scheuer Blick darauf geworfen, denn die Sache kann jederzeit akut werden.

Jeder Mensch kann in jedem Augenblick seines Lebens sterben. Bereits durch die Geburt, oder, wenn Sie wollen, durch die Zeugung, wird diese Möglichkeit begründet. Die Wahrscheinlichkeit, dass Sie zu einem genau bestimmten künftigen Zeitpunkt (beispielsweise am Neujahrstag in vier Jahren) sterben, mag sehr gering sein (unter den gegenwärtigen Bedingungen unserer Zivilisation). Sie nimmt mit zunehmendem Alter und bei verschiedenen

Aktivitäten zu. Dabei gilt aber unumstößlich: Früher oder später wird aus dieser Möglichkeit unvermeidlich Realität. Sie sehen das eindrucksvoll an der Rechnung, mit der sich die Menschen in den verschiedenen Lebensaltern diese Möglichkeit vor Augen führen. Anfangs wird in Jahrzehnten gerechnet, später in Jahren, schließlich in Monaten und Wochen, zum Schluss in Tagen und Stunden. Als Greis bekommen Sie keinen Kredit mehr, weil Sie das fast aufgebraucht haben, was in einer Konsumgesellschaft letztlich zählt, nämlich die Ihnen üblicherweise zugemessene Lebenszeit.

Da jeder jeden Augenblick sterben kann (wenngleich die Wahrscheinlichkeit sehr gering ist), sollte jeder Mensch im Idealfall so leben, als könnte jeder Augenblick seines Lebens der letzte sein. Er sollte auf ein Ereignis vorbereitet sein, vor dem er Angst hat. Schließlich bereiten sich die Menschen ja auch intensiv auf viel weniger bedeutsame Abschnitte ihres Lebens vor. Da die Wahrscheinlichkeit gering ist, zu einem bestimmten Zeitpunkt zu sterben, das Leben also lange dauern kann (in der Rechnung der Menschen), sollte die Vorbereitung natürlich nicht so erfolgen, dass ein Zustand ängstlich-angespannter Erwartung eintritt, der das Leben belastet. Die notwendige Vorbereitung auf Sterben und Tod sollte vielmehr zu einem Zustand der Gelassenheit führen, in dem Sterben und Tod als unvermeidliche Begleiter des Lebens gesehen werden, als eine Art Maßstab für unsere Hoffnungen und Wünsche, die so nie enttäuscht werden können.

Nun werden einige sicher einwenden, das sei zu viel verlangt. Wer in der Gesellschaft aktiv tätig sei, könne nicht in ständiger Erwartung von Sterben und Tod leben und dabei gelassen bleiben. Das mag für die meisten Menschen zutreffen. Es wird in den Geschichtsbüchern aber immer wieder von Menschen berichtet, die ihr Wissen um Sterben und Tod regelmäßig und gelassen als Maßstab an ihr Leben legten und gleichwohl im Leben aktiv waren. Vermutlich werden Sie auch in Ihrer näheren und weiteren Umgebung Menschen finden, die zumindest näherungsweise so leben. Sie sollten gezielt nach solchen Menschen und dem Gespräch mit ihnen suchen. Denn ein so bestimmtes Leben ist das Ziel, dem wir uns zumindest nähern wollen, auch wenn es als Dauerzustand vielleicht unerreichbar ist.

Wie könnten wir uns diesem Ziel nähern? Sterben und Tod kann man nicht üben, so wie man vielleicht Fertigkeiten wie Skifahren übt. Man stirbt nur einmal. Wir können uns dem Ziel also nur gedanklich nähern (wobei die gedankliche Annäherung dann später auch praktische Auswirkungen in unserer Lebensführung haben kann). Wir werden alle Gesichtspunkte zu Sterben und Tod bedenken, auch wenn die Aufstellungen dazu vielleicht trivial erscheinen. Es werden sicher nicht alle möglichen Gesichtspunkte sein und einige von Ihnen werden weitere Gesichtspunkte dazu vorbringen. Das ist ausgesprochen erwünscht.

Wer denkt über Sterben und Tod nach? Sterben und Tod sind in jungen Jahren nur in Ausnahmefällen ein Thema. Junge Menschen leben und können sich (jedenfalls in der Regel) nur vorstellen, darüber nachzudenken, wie sie besser, erfolgreicher, schöner oder glücklicher leben könnten. Erst mit zunehmendem Alter kommt den Menschen Sterben und Tod in den Blick. Krankheiten stellen sich ein, in der Familie und im Bekanntenkreis wird gestorben. Langsam beginnt sich der wolkenlose Himmel zu verschleiern. Die Unbeschwertheit verfliegt, eine Nachdenklichkeit stellt sich ein, die sich langsam verdichtet.

Ich werde Ihnen Gedanken zum Thema Sterben und Tod vorstellen und erwarte mir von Ihnen Kritik, die ganz entschieden und auch vernichtend sein kann, umso besser. Ziel der Schrift ist es also vor allem auch, Sie, den Leser, einzubeziehen. Sie sollten Stellung nehmen, Passagen streichen, umformulieren und vor allem einige Passagen weiter- und fortschreiben. Im Idealfall streichen Sie ganze Absätze durch und schreiben in die frei gewordenen Stellen Ihre eigenen Gedanken. Besonders wichtig ist es dabei, dass Sie sich nicht um geschliffene Formulierungen sorgen, sondern so schreiben, wie Sie gerade denken, auch wenn Ihnen Ihre Gedanken vorläufig und vielleicht auch unbeholfen erscheinen. Sie sollten dabei auch nie vergessen, Ihre Gefühle zu reflektieren, sich diesen also nicht einfach zu überlassen, denn Sie sollen ja durch Nachdenken über Ihre Gefühle hinauskommen. Im Idealfall würden Sie dann Autor eines Buches, das sich mit dem eigenen Sterben und dem eigenen Tod beschäftigt. Dieses Buch wäre dann eine lebenslange Aufgabe für Sie und würde wohl je nach Lebensphase immer wieder umgeschrieben.

Das Buch setzt keine philosophischen oder medizinischen Kenntnisse voraus. Es wendet sich an interessierte Leser, die für dieses Thema offen sind. Es bewegt sich im normalen Erfahrungsbereich jedes Menschen und den üblichen Strukturen unseres Denkens. Einige Ausflüge in den Bereich der Parapsychologie sollten gestattet sein. Der Leser kann sie nach Belieben erweitern und vertiefen.

Dieses Buch wird nicht auf Möglichkeiten und Grenzen palliativer Medizin eingehen. Dass ein Sterben ohne Schmerzen möglich ist, ist vielmehr die Voraussetzung, auf der dieses Buch aufbaut. Gegenstand des Buches sind die Ängste, die trotz Versprechungen der Palliativmedizin bleiben. Damit ist nicht die Angst gemeint, die sich in lebensbedrohlichen Situationen unwillkürlich einstellt und die eine physiologische Bedeutung im Sinne einer Warnfunktion hat. Gemeint ist die Angst, die bei den meisten Menschen entsteht, wenn sie durch die Umstände (wie lebensbedrohliche Erkrankungen) gezwungen werden, an ihr eigenes Sterben und den eigenen Tod zu denken. Diese Angst ist oft von einem Gefühl der Unheimlichkeit begleitet. Sie ist immer abgrenzbar von Niedergeschlagenheit und Verzweiflung beim Sterben geliebter Menschen, wobei diese Gefühle oft viel aufwühlender sein können als die Auseinandersetzung mit dem eigenen Sterben und dem eigenen Tod. Doch werde ich darauf hier nur am Rande eingehen können, um nicht zu weit von dem eigentlichen Anliegen abschweifen zu müssen. Denn Ziel der Schrift ist, Menschen in die Lage zu versetzen, die Angst vor dem eigenen Sterben und dem eigenen Tod so zu überwinden, dass diese keine Gewalt mehr über sie hat.

Der griechische Dichter Sophokles hat in dem Drama „Ödipus auf Kolonos" denjenigen als den glücklichsten Menschen bezeichnet, der nie geboren wurde, und glücklich den genannt, der schon gestorben ist. Als ein Lebender haben Sie dieses Glück nicht. Sie wurden ins Leben „geworfen" (wie es ein deutscher Philosoph bezeichnet hat) und wurden zu dem, der Sie jetzt sind, erst im Leben und durch das Leben, das Sie durchstehen müssen. Ihre einzige Chance, es trotz aller Widrigkeiten zu ertragen, besteht darin, dass Sie Ihr Leben verstehen, und dazu ist ein Verständnis von Sterben und Tod unabdingbare Voraussetzung.

Der Versuch, Sterben und Tod zu verstehen, könnte mit Fragen beginnen wie „Warum sterbe ich?" oder auch „Warum muss ich sterben?". Wenn Sie diese Fragen beschäftigen, überlegen Sie, an wen Sie sie stellen und wie sie beantwortet werden sollen. Es sind keine Fragen vom Typ „Warum bin ich durch die Prüfung gefallen?". Diese Frage wird an den Prüfer gerichtet, der dazu kompetent Auskunft geben kann. Mit der Frage „Warum muss ich sterben?" ist das schwieriger. Ein gläubiger Mensch fragt Gott, der ihm – vielleicht über die Kirche – antwortet. Bei den anderen Menschen ist es problematisch. An wen könnten sie diese Frage stellen? Man könnte daran denken, Ärzte zu fragen. Schließlich sind sie zuständig für den menschlichen Körper. Sie werden in der Regel auch eine Antwort bekommen, zum Beispiel derart, dass eine Krankheit vorliegt, gegen die es noch (das wird meist betont) keine wirksame Medizin gibt. Diese Antwort (die dem Denkschema der meisten Ärzte entspricht) wird Sie kaum zufriedenstellen. Denn das wissen Sie ja schon: dass Sie sterben müssen und dass es immer irgendeine Krankheit gibt, an der Sie schließlich sterben werden. Wie die Ärzte diese letzte und nicht mehr behandelbare Krankheit dann nennen, ist insofern belanglos. Möglicherweise meint die Frage „Warum muss ich sterben?" etwas ganz anderes. Aber was?

Vielleicht kommt man weiter, wenn man sich klarmacht, dass die Frage „Warum muss ich sterben?" eigentlich der Ergänzung bedarf. Als sterblicher Mensch, der Sie sind, müssen Sie sterben, weil Sie leben. Nur ein Lebender kann überhaupt sterben. Die notwendige Ergänzung wäre insofern „Warum lebe ich?". Für diese Frage gibt es vielleicht einen Adressaten: Ihre Eltern. Aber was könnten die Eltern sagen? Die Antwort „Wir wollten Dich" wäre etwas vermessen im Hinblick darauf, dass Sie, so wie Sie sind, gar nicht gewollt sein konnten. Denn zu dem, was Sie sind, wurden Sie erst. Die einzig mögliche Antwort kann also nur sein: „Wir wollten ein Kind. Du lebst, weil Du gezeugt wurdest." Das aber ist auch etwas, das Sie schon wissen.

Jetzt könnte man die Frage „Warum lebe ich?" etwas anders wenden. Vielleicht meinten Sie ja: „Hat mein Leben einen Sinn?". Wieder müssen Sie überlegen, an wen Sie diese Frage richten. Sie werden feststellen, dass die Antworten ganz unterschiedlich ausfallen, je nachdem, an wen Sie die Frage richten. Als gläubiger Mensch richten Sie auch diese Frage wieder an Gott und erhalten von ihm oder von der Kirche eine Antwort, die Sie als gläubiger Mensch nicht weiter hinterfragen. Aber was ist mit den anderen Menschen? Wen könnten sie fragen? In Betracht kommen jetzt in erster Linie Philosophen, vielleicht auch Psychotherapeuten und natürlich gute Freunde. Sie werden die unterschiedlichsten Antworten bekommen, bis hin zu der Feststellung, dass die Frage sinnlos ist. Ihre Hoffnung, einen verbindlichen Sinn für das eigene Leben genannt zu bekommen, löst sich so auf. Denn wer könnte für seine Auskunft Verbindlichkeit beanspruchen? Die Kirche durch ihre Vertreter, vielleicht, das hängt davon ab, ob Sie gläubig sind. Aber Philosophen, Psychotherapeuten oder gute Freunde? Würden Sie deren Auskünfte (die unterschiedlicher nicht sein könnten und die sich zudem meist widersprechen, wenn die Frage nicht gleich ganz zurückgewiesen wird) überhaupt als verbindlich akzeptieren? Wohl kaum.

Es bleibt Ihnen nur die Erkenntnis, dass für ihr Leben nur Sie selbst den Sinn festlegen können, der dann aber eben nicht verbindlich ist im Sinne einer Ihnen von außen auferlegten Verbindlichkeit. Sie könnten als den Sinn Ihres Lebens zum Beispiel Erfolg bestimmen oder den Sinn Ihres Lebens darin sehen, eine gute, alles verstehende Mutter zu sein. Allerdings sind Entwicklungen nicht vorhersehbar. Sie könnten plötzlich daran zweifeln, ob der von Ihnen bestimmte Sinn richtig bestimmt war. Dann müssten Sie den Sinn Ihres Lebens neu bestimmen. Das kann dazu führen, dass Sie immer neue Korrekturen vornehmen müssen, vergleichbar dem Kapitän eines Schiffes, der in einem Unwetter keinen Hafen mehr ansteuern kann, sondern nur noch darauf bedacht ist, nicht unterzugehen.

Der Versuch, Sterben und Tod über die Beantwortung von Fragen wie „Warum sterbe ich? Warum muss ich sterben? Warum lebe ich? Hat mein Leben einen Sinn?" verstehen zu wollen, führt offensichtlich in die Irre. Das liegt daran, dass die Fragen so gestellt sind, als gäbe es eine Instanz, die verbindlich antworten könnte. Die aber gibt es nicht. Die Fragen sind nur äußerlich der Frage „Warum bin ich durch die Prüfung gefallen?" vergleichbar, für deren Beantwortung es tatsächlich eine verbindliche Instanz gibt, nämlich den Prüfer. Beantwortbar sind die Fragen nur für Gläubige aller Art, die sich eine Instanz als verbindlich gesetzt haben, die sie nicht mehr infrage stellen. Sie erhalten dann eine verbindliche Antwort und wissen, warum sie sterben müssen, warum sie leben und welchen Sinn ihr Leben hat. Das gibt eine nicht zu unterschätzende Sicherheit, die nur dann gefährdet ist, wenn der Gläubige etwaige Zweifel nicht überwinden kann.

Dieses Buch wird nicht wiederholen, was Gläubige verschiedener Religionen für sich als verbindlich festgesetzt haben. Es ist für die Menschen geschrieben, die mit Zweifeln leben oder leben müssen (wenn man den Zustand eines Gläubigen als einen wünschenswerten Zustand ansieht). Sie können sich einem Verstehen von Sterben und Tod allenfalls auf Umwegen nähern. Diese Annäherung kann nur so aussehen, dass wir Erfahrungen, Kenntnisse und Gedanken zu Sterben und Tod sammeln. Wir werden versuchen, das möglichst umfassend zu tun. Wir erhalten dann eine Sammlung hoffentlich sinnvoller Aussagen und Sätze zu Sterben und Tod, eine Art Kompendium zu diesem Thema. Es wird vermutlich viel Triviales dabei sein, aber das liegt auch an Ihnen. Sie sind aufgefordert, sich dem Thema von ganz ungewohnten Seiten zu nähern und dabei auch Experimente zu wagen. Trotz aller Bemühungen wird eine Vollständigkeit alles Denkbaren und Sagbaren zu diesem Thema nicht zu erreichen sein. Zögern Sie auch nicht, Vorstellungen wieder über Bord zu werfen. Dem Ziel, ein möglichst vollständiges Kompendium zu erreichen, kann das nur dienlich sein.

Mit einem Einwand müssen wir uns hier noch beschäftigen: Ist es überhaupt sinnvoll für die Menschen, ein Leben ohne Angst vor Sterben und Tod anzustreben (unabhängig von der Frage, ob dies überhaupt möglich ist)? Ist die Angst nicht Voraussetzung ist für das Gedeihen der Gesellschaft? Sind viele und für die Stabilität des Gemeinwesens bedeutsame soziale Beziehungen nicht letztlich darauf gegründet, dass alle Angst vor Sterben und Tod haben? Diese Angst hat zum Beispiel die wichtige Funktion, dass alle Anstrengungen unternommen werden, das Leben in der Gesellschaft sicherer zu gestalten. Das sorgt für ein Überleben der Gesellschaft und letztlich der Menschen überhaupt. Ohne eine solche Angst könnte eine Reihe für das Individuum und auch für die Gesellschaft wichtiger Schutzfunktionen entfallen, zum Beispiel sich nicht mit einer gefährlichen Krankheit anzustecken, gefährliche Situationen zu meiden oder auch für sich vorzusorgen. Die Individuen könnten versucht sein, ihre Interessen gewaltsam durchzusetzen. Angst, in einem derartigen Kampf getötet zu werden, hätten sie nicht. Ja, es wäre sogar fraglich, ob es eine Polizei in üblichem Verständnis in einer Gesellschaft ohne Angst vor Sterben und Tod überhaupt noch gäbe. Auf was wäre sie verpflichtet? Leben zu schützen, vor dessen Verlust niemand mehr Angst hat?

Wenn man diese Situationen konsequent weiterdenkt, kommt man zu dem Schluss, dass es eine menschliche Gesellschaft gar nicht geben kann, in der niemand mehr Angst vor Sterben und Tod hat. Ja, man könnte sogar fragen, ob es sich bei Wesen, die diese Angst nicht mehr kennen, überhaupt noch um Menschen handelt. Es wären nach unserem Verständnis eher Maschinen, für die dann gelten müsste, dass sie sich nicht mehr selbst bestimmen, sondern bestimmt werden. Und zwar von dem oder denen, die diese Angst kennen. Denn nur Menschen mit Angst vor Sterben und Tod fühlen sich aufgerufen, Leben gegen alle Feinde des Lebens durchzusetzen. Wäre allen Mitgliedern einer Gesellschaft egal, ob sie sterben, wäre die Gesellschaft am Ende. So gesehen hat die Angst vor Sterben und Tod eine durchaus vernünftige Funktion.

Sollte diese Angst also überhaupt überwunden werden? Diesem Einwand (dass wir die Angst vor Sterben und Tod in jeder Gesellschaft brauchen) ist letztlich einfach zu begegnen: Die Angst vor Sterben und Tod gehört zum Menschsein und wird den Menschen begleiten, solange er Mensch ist. Sie hat eine gesellschaftliche Funktion als notwendige Bedingung für unser Zusammenleben. Sie ist individuell gesehen aber für die meisten Menschen eine erhebliche Belastung, die sich bis zu einer Bedrohung steigern kann. Es wäre für die Menschen eine Entlastung, dieser Angst zumindest nicht hilflos ausgeliefert zu sein, auch wenn Angstfreiheit in Bezug auf die Gesellschaft kein wünschenswertes Ziel sein kann. Hier ergibt sich allerdings ein Dilemma, und zwar zwischen gesellschaftlichen Erfordernissen (Angst vor dem Tod als gesellschaftliches Regulativ) und individuellem Hoffen und Wünschen (auf Angstfreiheit). Der Auflösung dieses Dilemmas hat sich dieses Buch auch verschrieben.

Wir werden uns mit dem Ablauf von Sterben beschäftigen und zu klären versuchen, was wir eigentlich meinen, wenn wir vom Tod sprechen. Sodann werden wir die entscheidende Frage stellen, warum die Menschen überhaupt Angst vor Sterben und Tod haben. Eine derartige Angst ist ja keineswegs selbstverständlich. Sie wäre nur dann ohne Weiteres nachvollziehbar, wenn Sterben gleichzusetzen wäre mit Schmerzen und langem Leiden. Diese Befürchtung kann die Palliativmedizin den Menschen, wenn auch nicht vollständig, so doch weitgehend nehmen. Die Angst vor dem Sterben und dem Tod bleibt aber, sodass wir andere Gründe für die Angst finden müssen. Nur dann haben wir die Chance, in der Bearbeitung dieser Gründe die Angst zu bewältigen. Schließlich werden wir weitere denkbare Möglichkeiten der Angstbewältigung durchgehen und uns auch vor Augen führen, wie die Angst literarisch und in der Kunst bewältigt worden ist. Hilfreich könnte es dabei auch sein, zu sehen, wie „große" Menschen gestorben sind. Und zum Abschluss werde ich Ihnen noch Gedanken vorstellen, wie man Sterben lernen kann, wobei dieses Lernen natürlich kein Üben im üblichen Sinne ist, denn man stirbt nur einmal.

Noch etwas sollten Sie immer im Blick behalten: Vielleicht gibt es ja hinter allem Denkbarem und Sagbarem zu diesem Thema noch etwas Unsagbares, das nur als eine Art Ahnung aufscheint, aber das Eigentliche ist, das Sterben und Tod erst verstehbar macht, eine Art letzte Begründung. Und das damit die letzte Bedingung wäre, um uns die Angst vor dem Sterben und dem Tod zu nehmen. Bekümmern Sie sich also intensiv um diese mögliche Ahnung, indem Sie Ihre Gedanken beim Lesen immer wieder abschweifen und ungewohnte Wege gehen lassen. Ich habe dazu immer wieder Gedanken aufgeführt, die Sie zu derartiger Ahnung anregen sollen.

Bei den folgenden Ausführungen sollte Sie schließlich immer der folgende Gesichtspunkt begleiten: Nur weil wir Menschen sind, haben wir Angst vor dem Tod, also Angst auch dann, wenn das Leben nicht unmittelbar bedroht ist, sondern uns nur die Endlichkeit unseres Lebens beschäftigt. Bei den Tieren ist das anders. Soweit wir etwas über die Tiere wissen (und im Wesentlichen erschließen wir es aus ihrem Verhalten), zeigen sie Angstreaktionen nur bei akuter Bedrohung. Wir haben keine Hinweise dafür, dass die Tiere die Endlichkeit ihres Lebens beschäftigt. Das, was uns von den Tieren unterscheidet, also unser selbstreflexives Denken, begründet unsere Todesangst. Also kann auch nur unser Denken uns die Möglichkeit geben, die Todesangst zu überwinden, wenn wir Menschen bleiben wollen. Andere Wege, etwa die Zufuhr chemischer Stoffe mit Wirkung auf das Gehirn (zum Beispiel Alkohol oder Psychopharmaka), sind allenfalls für eine ganz begrenzte Zeit in der Lage, die Todesangst aufzulösen, immer aber um den Preis einer Beeinträchtigung auch unseres Denkens (also einer, wenn auch begrenzten, Beeinträchtigung unseres Menschseins). Eine dauerhafte Lösung der Todesangst ist mit derartigen Stoffen nur um den Preis möglich, auf das Menschsein zu verzichten. Denn das Menschsein mit der Möglichkeit selbstreflexiven Denkens und die Todesangst gehören untrennbar zusammen. Menschen mit einer Krankheit, wie zum Beispiel einer fortgeschrittenen Demenz, verlieren zwar ihre Angst vor dem Tod (bei fehlendem Bewusstsein der eigenen Endlichkeit), zugleich aber auch die Möglichkeiten selbstreflexiven Denkens. Ganz kleine Kinder, die noch nicht selbstreflexiv denken, kennen diese Angst ebenfalls nicht.

Begriffliche Klärungen

Leben

Sie leben, weil Ihr Herz schlägt und das Blut durch die Adern treibt und weil Sie wahrnehmen (sehen, hören, fühlen, riechen und schmecken) und denken können. Sie betrachten es als Ihr Leben, das mit der Geburt (oder, wenn Sie wollen, auch mit der Zeugung) begonnen hat.

Was ist Leben? Definitionen sind in der Tat problematisch, weil die verschiedenen Fachgebiete (Biologie, Medizin, Philosophie usw.) spezielle Lebensbegriffe haben. Allen gemeinsam aber könnte die Feststellung sein, dass Leben vor allem die Fähigkeit und der Drang des bereits Belebten (also der Menschen, Tiere und Pflanzen) zur Reproduktion seiner selbst ist. Und dass Leben sich des Unbelebten bemächtigt, um sich weiter auszubreiten. Es erleidet dabei aber immer wieder Rückschläge, indem Belebtes zugrunde geht und wieder zu Unbelebtem wird. Diese Rückschläge führen aber zu keiner endgültigen Vernichtung des Lebens, weil es sich immer wieder des Unbelebten bemächtigt, um sich über einfache Anfänge mit dann steigender Komplexität immer wieder zu entfalten, wenngleich die Zeiträume menschliches Maß übersteigen.

Was Sie Ihr (individuelles) Leben nennen, ist in dieser Sichtweise nur ein Teil von Leben (allgemein), das von einem Menschen auf den anderen lediglich weitergeben wird, von dem unklar ist, wann und wo es entstanden ist, und das mit Ihrem individuellen Tod natürlich nicht an ein Ende gekommen ist. Sie sind demnach eine zufällige Manifestation, auf die es letztlich gar nicht ankommt.

Das aber will die menschliche Vernunft nicht hinnehmen. Sie hat in der Menschheitsgeschichte eine Entwicklung durchlaufen hin zu einer Autonomie, die den Trägern der Vernunft (also den Menschen) einen immer höheren Wert zugewiesen hat. Die Annahme, dass die individuellen menschlichen Lebewesen lediglich zufällige Manifestationen von Leben als solchem sind, würde den Wert des Individuums infrage stellen, der erst dann gesichert ist, wenn menschliches Leben als individuelles Leben mit einem individuellen Anfang und einem individuellen Ende verstanden wird. Dieses Verständnis menschlichen Leben ist uns heute so selbstverständlich, dass es uns als naturgegeben erscheint.

Sterben

Was heißt eigentlich Sterben? Wer ist wann ein Sterbender? Der von den Angehörigen herbeigerufene Hausarzt erklärt: „Ich kann nichts mehr für ihn tun. Er stirbt." In der Klinik wird dem Patienten nach der wiederholten erfolglosen Chemotherapie erklärt: „Unsere Möglichkeiten sind erschöpft", vielleicht noch mit einem Zusatz für die beiseitegenommenen Angehörigen: „Es kann noch einige Monate gehen." In der Arztpraxis werden dem Patienten die Befunde erläutert: „Ihre Leberwerte sind kritisch. Keine akute Gefahr. Aber im Verlauf der nächsten Jahre ist ein Leberversagen möglich. Sie wissen, was das heißt." Die Eltern des neugeborenen Kindes erfahren, dass der Herzfehler des Kindes nicht operabel ist und das Kind „nicht alt" werden wird. Mit einiger Berechtigung könnten Sie in allen diesen Fällen von Sterbenden reden, denn ihnen allen gemeinsam ist, dass die verbleibende Lebenszeit auf einen überschaubaren Bereich begrenzt ist oder von den Ärzten für begrenzt erklärt wird. Das aber ist der wirklich einzige Unterschied zu den übrigen Menschen, die wir nicht als Sterbende bezeichnen. Über die Dauer ihrer verbleibenden Lebenszeit ist noch nichts definitiv gesagt, wobei die Betonung auf „noch" liegt, denn es ist nur eine Frage der Zeit, bis auch über sie der Spruch erfolgt. Insofern sind wir alle Sterbende, weil wir alle auf den Tod hin leben. Eigentlich stirbt man seit der Zeugung. Es ist nur konventionelle Vereinbarung, dass man erst dann ein Sterbender ist, wenn der Zeitraum bis zum Tod überschaubar wird. Eine solche konventionelle Vorstellung vom Sterben wird in der Kunst und in Reportagen noch einmal komprimiert auf die dramatischen Minuten, wenn Rettung nicht mehr möglich, aber der Tod noch nicht eingetreten ist.

Medizinisch bezeichnet man die letzte Lebensphase unmittelbar vor dem Tod als Agonie, deren Dauer durchaus unterschiedlich ist. Sie kann zwischen Minuten und Tagen schwanken. Lediglich bei gewaltsamen Todesfällen (Enthauptung, Sturz aus großer Höhe) kann die Agonie ganz kurz (Sekunden) sein. Die Agonie ist ein Prozess, in dem alle Stoffwechselprozesse und Lebensvorgänge nachlassen, begleitet von einem Schwinden des Bewusstseins. Bereits in dieser Sterbephase wird häufig schon der spätere Madenfraß vorbereitet, indem Fliegeneier an feuchten Körperstellen wie Augenwinkeln, Nasen- und Mundöffnung und offenen Wunden abgelegt werden. Durch einen Ausfall der Steuerungsfunktion des Gehirns können unwillkürliche und unkoordinierte Bewegungen auftreten, manchmal begleitet von unverständlichen Lautäußerungen; Vorgänge, die oft als Todeskampf (der nicht vorliegt, weil das Bewusstsein schon geschwunden ist) fehlgedeutet werden. Der unmittelbar bevorstehende Tod kündigt sich durch ein Erschlaffen der Muskeln und ein Erlöschen der Muskeldehnungsreflexe an.

Tod

Was ist der Tod? Zunächst zu der spontanen Sicht der Menschen, die ja von ihm betroffen sind. Unsere Sprache sagt „der Tod". Sie sagt: „Ich bin dem Tod begegnet. Ich bin ihm entkommen, er hat mich verschont. Auf alle wartet der Tod. Alle fürchten ihn." Wenn man nachfragt, wird erklärt, dass man den Tod selbst nicht gesehen hat, man hat seine Nähe gespürt. Und woran? An einer Angst, einer Beklemmung.

Unsere Sprache personifiziert also den Tod, der männlich ist (im Gegensatz zur Geburt, die weiblich ist) und den unsere Maler dann als einen Knochenmann darstellen, um unserem Bedürfnis nach einem Bild zu entsprechen. Allerdings ist ihm auch in dieser Gestalt noch nie jemand begegnet. Alle sind sich aber einig, dass es „ihn" gibt. Und wer „ihn" sieht, verschwindet aus der Gemeinschaft der Lebenden. Manchmal wird auch erklärt: „Der Tod ereilte ihn." Das wäre dann die Vorstellung, der Sterbende werde „abgeholt" oder fliehend vom Tod „eingeholt".

Was ist also damit gemeint: „der Tod"? Im weitesten Sinne ist der Tod das Ende des Lebens, sozusagen das Pendant zur Geburt, mit der das Leben beginnt. Beschrieben wird damit eine Zustandsänderung, der Schalter wird umgelegt von „lebend" auf „tot". Wer vom Tod spricht, der spricht damit gleichzeitig auch vom Leben, denn notwendige Bedingung für das Totsein war das vorausgehende Lebendigsein. Der Tod ist kein Gegenstand wie andere in der Welt. Man kann den Tod nicht beschreiben. Beschreiben könnte man das von uns beobachtbare Sterben oder den Toten. Da eine Beschreibung des Todes als etwas Bestimmtem nicht möglich ist, haftet dem Begriff etwas Rätselhaftes an.

Kann man den Tod verstehen? Nun ist der Tod zwar „das Ende", aber nicht von irgendetwas, sondern des menschlichen Lebens. Wir registrieren, vielleicht etwas bedauernd, den Tod von Nachbarn und Fremden. Ein uns anrührendes Problem entsteht eigentlich erst dann, wenn uns klar wird, dass der Tod als Ende auch das Ende unseres eigenen Lebens und des Lebens der uns nahestehenden Menschen ist. Wenn wir uns prüfen, stellen wir fest: Wir wollen auf der Welt sein, unter den Menschen und zusammen mit den Menschen, die wir lieben. Wir wollen denken können, gestalten, uns freuen und notfalls auch leiden. Das ist das Kostbarste, was wir haben. Unser Tod und der Tod der geliebten Menschen (und nicht der Tod von Fremden) beendet das alles. Und das macht uns Angst. Die Angst vor dem Sterben und dem Tod ist also eine Angst vor dem Ende des Lebens.

Die Menschen wollen leben. Sie wollen es, auch wenn das Leben schwer ist und vielleicht nichts als Schmerzen und Entbehrungen bereithält. Dass einige wenige Verzweifelte sterben wollen, ändert an dieser grundsätzlichen Feststellung nichts. Warum wollen die Menschen leben, oder besser: warum dieser Wille zum Leben? Man könnte sich eine Reihe von Gründen zurechtlegen, auf die ich weiter unten bei der Besprechung der Gründe näher eingehen werde, aus denen Menschen Angst vor Sterben und Tod haben könnten. Man könnte sich aber auch fragen, ob der Wille zum Leben nicht notwendiger Bestandteil des Lebens ist. Keine Pflanze und kein Tier gibt einfach auf, wenn die Lebensbedingungen schlecht sind. Sehen Sie sich an, welche Wege und Umwege eine Pflanze wächst, um ans Licht als notwendige Bedingung für ihr Leben zu kommen, und welche Kämpfe Tiere bestehen, um an Futter zu gelangen. Man könnte sich weiter fragen, ob der Wille zum Leben nicht einfach in der Folge der Generationen weitergegeben wird. Und schließlich könnte man sich fragen, ob es nicht überhaupt ein Wille (zum Leben) ist, der das Leben hervorbringt und dem der Tod dann beständig widerspricht.

Vielleicht wäre etwas gewonnen, wenn man den Willen zum Leben, der das Leben und damit eigentlich auch die Welt hervorbringt, bis an die Quelle zurückverfolgen könnte. Denn dann wüssten wir uns als Glieder eines Ganzen und wüssten damit auch, dass das Ganze unvergänglich ist. Eben, weil es ein einziger Wille ist, der sich in allem Leben findet, das sich insofern nur in verschiedener Form manifestiert. Aber ganz offensichtlich haben wir den Zusammenhang verloren.

Uns ist zwar nicht mehr bewusst, dass wir Träger dieses Willens zum Leben sind. Ganz verloren haben wir dieses Wissen aber nicht. Wir haben es im Laufe der Emanzipation des menschlichen Geistes nur in „Wir lieben das Leben" umgedeutet und gehen jetzt davon aus, dass wir deshalb Angst vor dem Verlust des Lebens haben, weil wir das Leben lieben.

Der Verlust des Lebens ist uns gewiss. Diese Gewissheit ist die Grundlage unseres Wissens um die eigene Endlichkeit. Dieses Wissen ist kein Wissen, das im Alltag unseres Lebens immer wieder verhandelt und besprochen wird. Es ist ein stilles Wissen, das uns ständig begleitet. Wenn Sie sich prüfen, werden Sie erkennen, dass dieses Wissen wesentlich Ihr Auftreten in der Welt bestimmt. Dafür gibt es zahlreiche Beispiele: Bei einem Kauf von Kleidungstücken prüfen Sie vorausschauend, was Sie brauchen, beim Essen überlegen Sie, was Ihnen bekömmlich ist, bei weiten Reisen kalkulieren Sie mögliche Gefahren. All das tun Sie, weil das Wissen um Ihre Endlichkeit Sie zu einer Vorsorge für die Zukunft zwingt, aber auch zu einer Betrachtung der Vergangenheit, denn ein besseres Verstehen der Vergangenheit ist Voraussetzung für eine bessere Gestaltung der Zukunft. Das ist die Triebfeder aller Wissenschaft, die die Menschen seit Jahrtausenden anspornt, weil sie um ihre Endlichkeit wissen, dieses Wissen aber nicht akzeptieren wollen. Denn sie lieben das Leben.

Das Wissen um die eigene Endlichkeit stellt alles infrage, was jeder als Grundverständnis seines Lebens und als Lebensziele entwickelt hat. Sei es auch nur insofern, als er sich als ein ganz bestimmter Mensch versteht, zum Beispiel als ein erfolgreicher Geschäftsmann, als eine liebende und fürsorgliche Mutter oder einfach nur als ein kritischer Geist. Angesichts des fortlaufenden körperlichen und geistigen Zerfalls und des unabwendbaren Todes kann nichts davon Bestand haben. Darüber hinaus wird damit (über die Struktur unseres Denkens, das nur so und nicht anders denken kann) nahegelegt, dass das notwendige Ende gleichzeitig auch wieder ein Anfang ist. Welcher Anfang sollte jetzt mit dem Tod eines Menschen bestimmt sein? Da könnte man auf ein Häufchen Staub verweisen. Aber ist das hinnehmbar? Oder auf ein ewiges Leben an der Seite Gottes. Aber ist das eine Hoffnung? Das Wissen um die eigene Endlichkeit macht uns Angst, denn wir lieben das Leben.

Der Verlust des Lebens und das Wissen darum sind uns ebenso gewiss wie die daraus resultierende Angst. Daran ist nichts zu ändern. Aber müssen wir das Leben wirklich lieben? Wenn wir es nicht oder nicht mehr liebten, hätten wir keine Angst vor seinem Verlust und damit keine Angst vor dem Tod. Wenn wir uns um ein Verstehen des Todes (und damit um ein Verstehen der Angst vor dem Tod) bemühen, wollen wir also im Grunde gar nicht den Tod verstehen, sondern verstehen, warum wir das Leben lieben oder vielleicht sogar lieben müssen.

Was ist der Tod aus medizinischer Sicht? Auch in der Medizin ist der Tod das Ende des Lebens. Er ist also die Feststellung, dass der Mensch nicht mehr lebt. Man sollte meinen, dass das unschwer festzustellen ist. Ein Mensch, der nicht mehr atmet, dessen Herz nicht mehr schlägt und der nichts mehr wahrnimmt und nichts mehr denkt, und zwar auf Dauer, der ist tot. Sein Leben hat irreversibel sein Ende gefunden: Individualtod. Das Problem besteht darin, dass die Zeitangabe „auf Dauer" unbestimmt ist. Denn in einem Zeitraum von einigen Minuten kann der klinisch tote Mensch gegebenenfalls wiederbelebt werden (Reanimation). Der Zeitraum, in dem das ohne bleibende Schäden möglich ist, ist begrenzt und deutlich abhängig von der Umgebungstemperatur. Nach etwa acht bis zehn Minuten ist die Überlebenszeit des Gehirns aber in jedem Fall überschritten, sodass ein irreversibler Hirntod eintritt. Die anderen Organe können weiterarbeiten, da ihre Überlebenszeit deutlich länger ist als die des Gehirns. Für die Feststellung eines irreversiblen Hirntodes gibt es eine Reihe strenger Kriterien, auf die hier nicht weiter einzugehen ist. Wenn diese strengen Kriterien erfüllt sind, liegt damit auch eine der Voraussetzungen für eine Organtransplantation vor (für die natürlich zahlreiche weitere Voraussetzungen erfüllt sein müssen). Denn das spezielle menschliche Individuum mit eigener Geschichte gibt es im Falle eines Hirntodes nicht mehr, auch wenn einzelne Organe und schließlich noch einige Zellverbände weiterleben.

Es bleibt ein Leichnam, an dem sich etwa zwanzig bis dreißig Minuten nach Eintritt des Todes die ersten Totenflecken zeigen, im Verlauf einiger Stunden entwickelt sich die Totenstarre und die Leiche kühlt bis auf Umgebungstemperatur ab. In den meisten Fällen zersetzt sich die Leiche durch bakteriell bedingte Fäulnisprozesse und vor allem auch durch Madenfraß. Nur unter besonderen

Bedingungen kommt es zu einer Leichenkonservierung durch Mumifizierung oder Fettwachsbildung.

Wenn Sie diese Vorgänge hier kurz und mit betonter Sachlichkeit dargestellt finden, werden Sie damit keine Schwierigkeiten haben. Auch wenn Sie sich klar machen, dass es Ihrem Körper irgendwann einmal genauso ergehen wird. Das ist weit weg. Probleme könnten sich ergeben, wenn Sie persönlich mit einem derart veränderten Leichnam konfrontiert werden. Dann werden Sie sich vermutlich ekeln und nach Überwindung des Ekels vor dem Gedanken erschrecken, dass zwischen Leben und Tod ein Abgrund liegt, der unübersteigbar erscheint. Und der doch von den Menschen hingenommen werden muss.

Bei kritischer Betrachtung dieser Ausführungen werden Sie feststellen, dass die Medizin eigentlich nur zwei Fragen beantworten kann. Einmal: „Wann ist ein Mensch tot?" und zum anderen: „Wie wird festgestellt, ob ein Mensch tot ist?". Die Frage „Was ist der Tod?" beantwortet die Medizin nur negativ: Tot ist, wer nicht mehr lebt. Diese Antwort aber genügt den Menschen nicht, die sich mit einem einfachen „Schluss" nicht zufriedengeben können.

Sterben und Tod der anderen

Wenn Sie den Umgang einer Gesellschaft mit Sterben und Tod beobachten wollen, müssen Sie sich auf eine ganz bestimmte Gesellschaft beziehen, da die Unterschiede selbst in mitteleuropäischen Gesellschaften zu Beginn des 21. Jahrhunderts immer noch beträchtlich sind. Wenn Sie sich auf die Situation in Deutschland beziehen, kommt es natürlich entscheidend darauf an, wo Sie diese Beobachtungen machen, ob in einem Dorf oder einer Großstadt. In einem Dorf und vielleicht auch noch in einer Kleinstadt werden Sie wahrscheinlich Anteilnahme der Gemeinschaft an einem Todesfall feststellen können. Allerdings werden Sie derartige Beobachtungen nur machen können, wenn es aktuell einen Sterbefall gegeben hat. Aber nehmen Sie eine Millionenstadt wie München. In dieser Stadt sterben pro Jahr etwa 11 000 Menschen, also im Schnitt etwa dreißig an einem Tag. Diese Menschen verschwinden, ohne dass sich am Gang der Großstadt irgendetwas änderte. Als Außenstehender bekommen Sie vom Sterben dieser Menschen nichts mit, das sorgfältig von der Öffentlichkeit abgeschirmt in den privaten Wohnungen oder Häusern der Sterbenden oder in Heimen oder Krankenhäusern abläuft. Lediglich auf den großen Friedhöfen können Sie die ritualisierten Vorgänge beobachten, die den Erdbestattungen oder Urnenbeisetzungen vorausgehen, und kommen so zu der Feststellung, dass gestorben wird. Ansonsten aber ist es so, als ob niemand stürbe.

Wenn Sie sich jetzt mit dem Thema Sterben und Tod in Ihrer näheren Umgebung und mit der Haltung einzelner Menschen dem Tod gegenüber beschäftigen wollen, sollten Sie vorsichtig sein, um keine Abwehr zu provozieren. Sie werden dieses Thema in Ihrem Bekanntenkreis und mit Freunden natürlich ansprechen müssen, um etwas darüber zu erfahren. Aber Sie werden es nicht immer können und oft auch nur nach einer gewissen Vorbereitung. Signalisieren Sie Ihrem Gesprächspartner, dass Sie dieses Thema interessiert, weil es sich um ein elementares menschliches Thema handelt und ein Todesfall in der Nachbarschaft aufgetreten ist oder in der Zeitung über einen Todesfall berichtet wurde. Sie werden erstaunt feststellen, dass sich die meisten Menschen über Sterben und Tod schon Gedanken gemacht haben, meist unsystematisch und vorläufig.

Und Sie werden bald herausgefunden haben, dass zwar alle wissen, dass der Tod in ihrem Leben sozusagen mit eingeschlossen ist. Aber wohl nur der kleinere Teil spricht im Leben vom Tod oder lebt mit dem Tod. Der weitaus größere Teil klammert den Tod aus. Ist eine Konfrontation mit dem Tod nicht zu vermeiden, gibt es oft merkwürdige Reaktionen. Die Stimme und der Blick werden gesenkt, das ganze Verhalten drückt aus, dass dem Tod mit Scheu begegnet wird. Der Tod wird als ein Übel angesehen, dem auszuweichen ist, wo auch immer. Aber selbst wer ihm nicht ausweicht, sondern ihn als Teil des Lebens ansieht, betrachtet ihn von Ausnahmen abgesehen nicht als Freund, sondern bestenfalls als ein notwendiges Übel, dem man sich stellen muss.

Es gibt zahlreiche weitere Möglichkeiten, über die Haltung der Gesellschaft zum Tod Aufschluss zu bekommen. Beschäftigen Sie sich mit den Todesanzeigen in der Zeitung. Was erfahren Sie? Natürlich nicht die Einstellung des Verstorbenen, sondern, in der Regel jedenfalls, nur die Einstellung und Haltung derjenigen, die vor dem Tod mit ihm zusammen waren. Diese Einstellung ist aber wichtig, denn es ist die Einstellung der in Zukunft Sterbenden. Die erste Feststellung, die Sie machen werden, ist, dass über den Verstorbenen in der Öffentlichkeit nie etwas Negatives berichtet wird. Vielleicht hat es nie etwas Negatives gegeben. Aber das dürfte nach aller menschlichen Erfahrung die Ausnahme sein. Im Gegenteil, der Verstorbene wird gelobt für seine Tätigkeit in der Firma oder der Behörde oder auch im Kreis der Familie. Die Ausdrücke wiederholen sich dabei schablonenhaft; auch wenn die Verstorbenen im Kreis der Familie oft vernichtende Kritik erfahren haben und auch nach dem Tod noch erfahren. Diese Diskrepanz wird man sich nur so erklären können, dass eine allgemeine, stillschweigende Übereinkunft besteht, Verstorbene zumindest in der Öffentlichkeit zu verhüllen, mit einem Tuch in Form eines schablonenhaften Lobes, das niemand ernst nimmt. Der Verstorbene wird so nicht mehr als eine individuelle Person wahrgenommen. Das ist die Art und Weise, wie die Gesellschaft nach der körperlichen Bestattung auch die Erinnerung an ihn beerdigt.

Weiteren Aufschluss über die Einstellung zum Tod geben die Trauernden, die doch oft schon die nächsten sind, die sterben werden, die also in besonderer Weise gefordert wären, sich Gedanken über Sterben und Tod zu machen. Wie geben sich Trauergesellschaften? Immer noch ist schwarze Kleidung vorherrschend und gefordert. Es wird gemessen gesprochen und natürlich nicht gelacht. Den nächsten Angehörigen wird das Beileid ausgesprochen. Nach Abwicklung des zeremoniellen Teils wird es in der Regel lebhafter und lauter, es wird gegessen und getrunken, ab und zu lacht dann auch einer, anfangs noch etwas erschrocken. Kinder schreien und werden nur halbherzig ermahnt. Die Botschaft ist eindeutig: Das Leben geht weiter. Manchmal ist das Treiben der Trauergesellschaft vielleicht auch nur Erleichterung, noch nicht selbst an der Reihe gewesen zu sein. Vielleicht dient es aber auch nur dazu, die eigenen Ängste zu unterdrücken. Das zu entscheiden, ist oft schwierig und eigentlich auch nicht nötig, da häufig beides zutrifft. Die Lebenden bzw. die Noch-Lebenden versuchen so zumindest, dem Tod nicht das letzte Wort zu lassen. Ob sie das allerdings nachhaltig von der Angst vor Sterben und Tod entlastet, ist eher fraglich, allein schon deshalb, weil dieses Verhalten, in der Regel jedenfalls, aufgesetzt ist.

Gehen Sie über die riesigen Friedhöfe der großen Städte. Wenn Sie die Wege verlassen, können Sie sicher sein, über Berge von Toten zu gehen, bedeckt von Gras, Hecken, Bäumen und Blumen. Und immer wieder wird für Nachschub gesorgt, der sich weiter in der Tiefe zu einem Humus zersetzt, aus dem die Bäume ihre Nährstoffe beziehen. En miniature können Sie das in Ihrem Garten auf dem Kompost beobachten. Wenn Sie schon einige Erfahrung im Umgang mit Sterben und Tod haben, werden Sie kaum erschrecken und sich vielleicht sogar freuen, wie gut alles gedeiht, wenn es die Toten als Nahrung erhält. Eines Tages dann auch Sie. Auch das erschreckt Sie nicht mehr. Besser als durch den Besuch eines Friedhofs könnten Sie sich den großen Kreislauf nicht klar machen, dem offenbar alles unterworfen ist. Aber bindet dieser Gedanke die Angst vor Sterben und Tod?

Sterben und Tod und damit die Angst vor Sterben und Tod gäbe es nicht, wenn es nicht den ständigen Strom der Veränderungen gäbe, den wir Leben nennen. Wenn jede Veränderung aufhörte, gäbe es kein Sterben und keinen Tod mehr, allerdings auch kein Leben. Aufhebung der Vergänglichkeit (also des ständigen Stromes der Veränderung), und damit kein Sterben und kein Tod, ist aber mit Leben (das ständige Veränderung voraussetzt) nicht vereinbar – wer lebt, stirbt. Nicht sterben kann nur, wer nicht lebt.

Nun haben die Menschen versucht, diese untrennbare Verbindung zwischen Leben und Sterben aufzulösen. Dieser Versuch besteht darin, den vergänglichen Augenblick in Worten oder in einem Bild zu bannen, die einzigen Möglichkeiten des Menschen, die Vergänglichkeit zu überwinden und doch zu leben. Die Menschen haben begonnen, Tiere, Landschaften und andere Menschen zu malen. Gemalt werden Situationen, die als schön oder wichtig erlebt werden, jedenfalls als herausgehoben. Die Situation soll festgehalten werden, denn nur Augenblicke später ist sie vorbei. Die Situationen wurden immer kunstvoller beschrieben, immer genauer, immer lebendiger, der Leser sollte beim Betrachten wieder in der Situation sein.

Und in den entwickelten Gesellschaften ist hier eine weitere Perfektionierung vor allem im Bereich des Bildes eingetreten. Es wird fotografiert und vor allem gefilmt. Die Bilder sind bewegt, die Akteure sprechen, durch weitere technische Entwicklungen entsteht beim Betrachten ein Raumeindruck. Technisch wäre es sogar möglich, einen Menschen von der Geburt bis zu seinem Tode fortlaufend, also ununterbrochen, zu filmen. Der Mensch wäre irgendwann gestorben, lebte aber in diesem vollständigen Film seines Lebens weiter, als Bild digital auf eine Festplatte gebannt. Andere Menschen könnten sich diesen Menschen ansehen, über Tage, Wochen, Monate oder gar Jahre hinweg sein Leben verfolgen. Jahrhunderte später (vorausgesetzt, eine digitale Speicherung wäre so lange konservierbar) könnten andere Generationen sich wiederum das Leben dieses Menschen ansehen – ob es dann noch jemanden interessiert, ist eine andere Frage, die uns hier nicht beschäftigen soll. Dieser Mensch wäre als digitales Bild unsterblich, allerdings in einer besonderen Weise. Sein Leben wurde bereits in einer ganz bestimmten Weise gelebt und ist nicht mehr veränderbar. Und noch etwas ist bemerkenswert: Als Betrachter dieses Lebens partizipieren Sie nicht an diesem Leben, Sie sehen diesen Menschen, werden aber selbst von dem Betrachteten nicht gesehen. Aus prinzipiellen Gründen können Sie dieses Leben auch nicht vollständig betrachten, denn bei etwa vergleichbaren Lebenszeiten müssten Sie bereits bei der eigenen Geburt mit der Betrachtung beginnen, was nicht möglich ist, da Sie dann noch gar nicht wissen können, was Sie betrachten sollen.

Es lohnt sich, an das Phänomen Bild (speziell Fotografie, die ja auch ein Bild ist) einige Gedanken anzuschließen. Sie haben ein Bild (im umgangssprachlichen Sinne), zum Beispiel die Fotografie Ihrer Mutter im blauen Kostüm beschwingt auf dem Münchner Marienplatz. Und Sie unterscheiden das Bildobjekt (Ihre Mutter im blauen Kostüm auf dem Münchner Marienplatz) sowie einen Träger für das Bild (das Stück Papier bei einem Papierabzug oder eben Ihre Festplatte). Das Bildobjekt selbst (also zum Beispiel Ihre Mutter im blauen Kostüm beschwingt auf dem Münchner Marienplatz) ist unabhängig von jedem Bildträger (Papierabzug oder Festplatte) immer dasselbe. Immer steht Ihre Mutter im blauen Kostüm beschwingt auf dem Münchner Marienplatz, dieses Bild der Mutter (das Bildobjekt) ist unvergänglich, weil die Mutter im Bild der Zeit enthoben ist, sie altert nicht. Allerdings gibt es das Bildobjekt immer nur in Verbindung mit irgendeinem Bildträger (der aber durchaus unterschiedlich sein kann), obwohl man es als unabhängig von einem Bildträger denken muss, denn man kann ja genau die Unterschiede zwischen Bildobjekt und Bildträger angeben. In einem Bild im umgangssprachlichen Sinne (zum Beispiel in einer Fotografie) verbindet sich also Unvergängliches (das eigentliche Bild bzw. Bildobjekt) und Vergängliches (der Bildträger) derart, dass das Unvergängliche (das eigentliche Bild bzw. Bildobjekt) nur in Verbindung mit dem Vergänglichen (der Bildträger) sichtbar ist, das heißt in Erscheinung treten kann. Ohne einen (vergänglichen) Bildträger gibt es das (unvergängliche) Bildobjekt aber nicht mehr. Sie müssten dann sagen: Ich hatte ein Bild meiner Mutter im blauen Kostüm, wie sie beschwingt auf dem Münchner Marienplatz steht. Ich muss es verloren haben, jetzt habe ich es nicht mehr. Es gibt noch die Erinnerung an das Bild, das ist die Erinnerung an Bildobjekt und Bildträger, aber diese Erinnerung ist etwas sehr Privates, niemandem sonst ist das Bild zugänglich.

Menschen malen oder fotografieren Menschen, um etwas (ein Lachen, einen Blick usw.) als unvergänglich festzuhalten. Um zu zeigen, dass Leben und Unvergänglichkeit doch vereinbar sind. Du alterst und bewegst Dich langsam auf den Tod zu, ich sehe schon, wie Du langsam stirbst. Aber dieser Kuss von damals ist unvergänglich, wie unsere Liebe, die sich vom Tod nicht besiegen lässt. Die Begegnung zweier liebender Menschen enthält also immer auch die Aufforderung an beide, das Unvergängliche am anderen anzuerkennen und festzuhalten, von dem beide eine unausgesprochene Ahnung haben. Deshalb malen und fotografieren Menschen, deshalb ist in den modernen Gesellschaften eine ganze Industrie entstanden, die sich um die Bilder kümmert, vordergründig, um die Menschen zu unterhalten, im Grunde aber nur, um sie das Unvereinbare (Leben und Unvergänglichkeit) als möglich denken zu lassen, weil sie sonst verzweifeln würden.

Man könnte mit diesem Bildvergleich noch weiter gehen. Ist vielleicht auch der Mensch ein Bild, also ein vergänglicher Bildträger und zugleich ein unvergängliches Bildobjekt? Aber ein Bild wovon? Vor allem in den christlichen Religionen wird der Mensch ja oft als Abbild Gottes bezeichnet. Der Mensch wäre demnach ein (unvergängliches) Abbild Gottes und ein (vergänglicher) Bildträger (das wäre hier der menschliche Körper). Die Menschen wären dann wandelnde Bilder, in denen Gott in unendlich vielen Facetten aufscheint. Und immer wieder würden dabei die Bildträger ausgetauscht (die Menschen sterben, die menschlichen Körper zerfallen), um Gott in immer neuen Facetten aufscheinen zu lassen. Das alles ist natürlich sehr spekulativ, zeigt aber doch, dass es immer neue Sichtweisen auf die menschliche Existenz gibt.

Viel erfahren Sie auch über die Einstellung zu Sterben und Tod einer Gesellschaft, wenn Sie sich deren künstlerische Produktionen anschauen. So wird in vielen Filmen, Theaterstücken und Opern gestorben. Warum? Eine einfache, aber unzureichende Antwort wäre, dass die erzählten Geschichten eben vom Sterben und dem Tod ihrer Helden berichten. Unzureichend ist die Antwort deshalb, weil die Frage dann lediglich umzuformulieren wäre: Warum erzählen die Geschichten immer vom Sterben und dem Tod ihrer Helden? Nun, alles, was in einem menschlichen Leben geschieht, ist in einem weitesten Sinne vorläufig, wenngleich sich natürlich eine Richtung erkennen lässt, in der ein menschliches Leben sich entwickelt. Trotzdem haftet ihm immer Vorläufigkeit an, die meist wie ein Makel erscheint. Alles, was bisher geschehen ist, könnte vielleicht noch durch eine Kraftanstrengung in eine andere Richtung gelenkt werden. Sehr plausibel ist das meist nicht, aber eben doch nicht ausgeschlossen. Wenn Sie sich das klarmachen, dann sehen Sie, dass erst Sterben und Tod des Menschen sein Leben zu einem ganz bestimmten, individuellen Leben machen. Der Tod eines Menschen ist das Ende seines Lebens und zugleich die Vollendung seines Lebens, das jetzt als ein bestimmtes Leben erzählt werden kann. Würden die Menschen nicht sterben, bliebe alles offen. Die Menschen aber suchen die Vollendung. Liebe, Treue, aber auch Hass sind nur dann Liebe, Treue und Hass, wenn sie sich in Sterben und Tod bewährt haben. Dazu zwei prominente Beispiele: In der Oper „Götterdämmerung" von Richard Wagner sprengt Brünnhilde auf ihrem Pferd Grane sitzend in das von ihr entzündete Feuer und kommt um. Liebe und Treue zu ihrem Mann Siegfried, aber auch der Hass auf ihn (der sie verraten hat) bleiben jeweils unauslöschlich und in ihrer wechselseitigen Spannung unversöhnt bestehen und vollenden sich so. In der Oper „Tosca" von Puccini tötet Tosca den Verfolger ihres Geliebten Caverdossi und stürzt sich in den Tod, als ihre Tat entdeckt wird. Ihre Liebe und Treue zu Caverdossi sind eben nicht unverbindlich, sondern bewähren und vollenden sich angesichts des Todes.

In Filmen wird oft nur ein schematisierter Ablauf des Sterbens gezeigt: Ein Schuss fällt, der Sterbende stürzt zu Boden und krümmt sich, liegt dann regungslos am Boden. Auch wenn sich das vielfach wiederholt, wird damit über Sterben und Tod nichts gesagt. Es ist in dieser Reduktion auf einen organischen Ablauf die vollständige Distanzierung von Sterben und Tod, die insofern auch etwas über die Auffassung der Gesellschaft von Sterben und Tod sagt, als diese Distanzierung ihren eher verzweifelten Versuch darstellt, sich nicht wirklich mit Sterben und Tod auseinanderzusetzen, obwohl man den Tod als einen Mechanismus zur Anhebung der Spannung braucht. Erst wenn ein Sterben und ein Tod aus einem Leben entwickelt werden, erfahren Sie mehr darüber, wie die Gesellschaft oder doch wesentliche Vertreter der Gesellschaft Sterben und Tod verstehen. Denn erst dann sind Sterben und Tod Vollendung eines Lebens, das aber keineswegs groß und bedeutend gewesen sein muss. Einzige Voraussetzung für ein vollendetes Leben ist, dass zwischen Leben und Sterben ein Sinnzusammenhang besteht. Ein eindrucksvolles Beispiel dafür ist ein früher Film des vor Jahren verstorbenen russischen Regisseurs Andrej Tarkowskij, „Iwans Kindheit", der den Tod eines Kindes im Krieg aus dessen im Krieg verlorener Kindheit entwickelt.

Die Möglichkeiten der Literatur, die Auffassung der Gesellschaft zu Sterben und Tod zu entwickeln, sind andere und oft weitergehende als im Film. Mehr als der Zuschauer im Film hat der Leser die Möglichkeit, sich einzubringen oder zu distanzieren. Er kann das Buch auch gänzlich zur Seite legen. Er kann in Muße Schritt für Schritt verfolgen, wie sich ein Leben entwickelt. Dabei bekommt der Leser dann oft schon ein Gefühl dafür, wie sich dieses Leben entwickeln wird. Dass die Heldin oder der Held der Geschichte dann sterben, ist für den Leser oft vorhersehbar. Der Tod wird manchmal geradezu erwartet, er ergibt sich in manchen Geschichten fast zwangsläufig. Ein Beispiel dafür ist Thomas Manns „Zauberberg", in dem Hans Castorp in einem Sturmangriff an der Westfront des Ersten Weltkrieges für immer aus dem Blick des Lesers entschwindet, weil er seinem Leben keine Kontur zu geben vermochte.

In den Zeitungen wird von Sterben und Tod verschiedenster Personen aus Politik, Wirtschaft und Kultur berichtet, wobei auch hier der Gesichtspunkt der Vollendung dieser Biographien immer deutlich erkennbar ist, wenngleich natürlich nicht künstlerisch aufgearbeitet. Es gibt die Meldung eines Ablebens der Person, meist mit zusätzlicher Angabe zum Lebensalter und Sterbeort, manchmal mit verklausulierten Hinweisen auf die zugrunde liegende Krankheit („… nach langer, mit Geduld ertragener Erkrankung …"), je nach Bedeutung oder vermeintlicher Bedeutung mit dem Hinweis, dass ein Nachruf folgt, der also die Bestätigung dafür ist, dass dieses Leben als vollendet angesehen wird.

Ohne Sterben und Tod gäbe es zwar Geschichten in Opern, Literatur, Zeitungen und Filmen, aber keine Lebensgeschichte, die verbindlich erzählt werden könnte. Unser Leben erhält erst durch unseren Tod Verbindlichkeit, die man insofern auch als Vollendung verstehen kann. Leben und Vollendung des Lebens sind nicht vereinbar. Wer lebt, hat sein Leben noch nicht vollendet, und wer sein Leben vollendet hat, ist tot. Das gilt auch dann, wenn das Leben durch einen Unfall plötzlich und ganz unvorhergesehen zu Ende geht. Denn dann hat sich eben vollendet, was das Leben bis zu diesem Zeitpunkt war, und sei es auch nur eine Ansammlung von Nichtigkeiten.

Mein Sterben und mein Tod

Alle Menschen stehen irgendwann einmal vor der Notwendigkeit, sich mit dem eigenen Sterben und dem eigenen Tod auseinanderzusetzen. Vor dieser Notwendigkeit stehen sie deshalb, weil sie zwangsläufig irgendwann einmal mit Sterben und Tod konfrontiert werden und dabei die Frage nach dem eigenen Sterben angestoßen wird. Wenn das in der Familie oder im Freundeskreis erfolgt, ist die Aufforderung zu einer derartigen eigenen Stellungnahme besonders eindringlich. Gestorben wird ansonsten aber regelmäßig auf der Bühne oder im Film, und Fernsehnachrichten sowie Zeitungen sind voller Berichte und Meldungen über Sterben und Tod. Es ist praktisch undenkbar, dass irgendjemand mit diesem Thema nicht konfrontiert würde.

Ganz unterschiedlich ist allerdings die dadurch angestoßene Auseinandersetzung mit dem Thema. Bestimmt wird sie wesentlich durch Lebensalter, persönliche Lebenssituation und besondere Persönlichkeitsmerkmale. Für junge Menschen ist die Beschäftigung mit diesem Thema zumindest nicht naheliegend, für kranke Menschen jedweden Lebensalters drängt sie sich dagegen geradezu auf. Auch alte Menschen sehen sich mit diesem Thema konfrontiert, spätestens dann, wenn sich der Freundeskreis lichtet. Sehr extrovertierte Menschen gehen schnell über dieses Thema hinweg, das einen introvertierten Menschen vielleicht gar nicht mehr loslässt.

Alle stellen fest (aber jeder nur für sich selbst und meist mit einer gewissen Scheu): „Ja, ich weiß, dass ich sterben muss." Manchmal wünschen Menschen sich in vermeintlich auswegloser Lage den Tod: „Wenn ich nur sterben könnte!" Das aber ist die Ausnahme. Sterben ist für die Menschen immer mit einem „muss" assoziiert, niemand sagt: „Ja, ich weiß, dass ich sterben darf." Das für Sterben und Tod geltende „Muss" ist absolut, eine Diskussion darüber gibt es nicht. Auch Schulden müssen bezahlt werden, aber darüber wird geredet, und viele Menschen bezahlen ihre Schulden nie. Weil sie Argumente haben, die sie ihren Gläubigern vorhalten: „Du hast Deine Leistung nicht erbracht", „Deine Leistung war schlecht" und so weiter. Gegen die Unausweichlichkeit von Sterben und Tod gibt es keine Argumente, abgesehen davon, dass es auch keinen – dem Gläubiger vergleichbaren – Ansprechpartner gäbe.

Sterben und Tod sind Ereignisse, auf die wir keinen Einfluss haben, vergleichbar dem von uns beobachteten Auf- und Untergang der Sonne oder dem Wellenschlag des Meeres. Sie sind aber nur dann ein derartiges Ereignis, wenn der andere stirbt. Der eigene Tod ist für mich kein Ereignis, denn er liegt außerhalb meines Lebens, ich kann ihm insofern nicht wie anderen Ereignissen gegenübertreten. Mein Tod ist zwar mein Tod, ein Ereignis aber immer nur für die anderen.

Wir wissen einiges über Sterben und Tod des Menschen. Aber was wissen wir über unser eigenes Sterben und den eigenen Tod? Wir folgern in der Regel aus dem Tod der anderen, dass auch unser Sterben nicht anders ablaufen wird, als wir es bei den anderen Menschen beobachten, eben weil wir Menschen wie andere auch sind. Ein Mensch wie andere auch sind wir vor allem im Hinblick auf unseren menschlichen Körper, der wie die anderen menschlichen Körper auch nach Gesetzen arbeitet, die für alle gelten. Auf das, was unsere Person ausmacht, auf unsere Geschichte, unsere Erfahrungen und unser Können, auf unsere Einsichten und unser Wissen kommt es beim Sterben nicht an. Wir sind dann nichts als ein Gegenstand, der der allgemeinen Gesetzmäßigkeit unterliegt.

Das ist schwer hinnehmbar, besonders, wenn Menschen der Überzeugung sind, dass die Leistungen ihres Lebens ihnen Veranlassung geben, sich als etwas Besonderes zu sehen, als ein Etwas, dem ein besonderer Wert zukommt. Aber auch sie bringen Sterben und Tod in die allgemeine Gesetzmäßigkeit zurück, der jeder Gegenstand dieser Welt unterliegt. Das Wissen um Sterben und Tod könnte somit eine Verletzung des Selbstwertgefühles sein, die bei einigen Menschen tief gehen kann. Das wäre auch eine mögliche Erklärung für die Angst vor Sterben und Tod, der wir später weiter nachgehen werden. Dann werden wir uns auch damit beschäftigen, was für Gründe diese Angst sonst noch haben könnte.

Zunächst bleiben wir bei dem allen Menschen gemeinsamen Wissen, dass sie sterben müssen und werden uns nun mit der Frage beschäftigen, was dieses Wissen sonst noch bedeuten kann. Die weiterführende Auseinandersetzung mit dieser Frage leitet sich von dem unumgänglichen Zusatz ab, der sich auf den Zeitpunkt von Sterben und Tod bezieht. Denn die Feststellung, die jeder für sich macht, müsste korrekt lauten: „Ja, ich weiß, dass ich irgendwann sterben muss." Dieses „irgendwann" ist für einen jungen Menschen in weiter, für einen alten Menschen in naher Zukunft. Ein in weiter Zukunft liegendes Ereignis hat natürlich nicht den drängenden Aufforderungscharakter zur Stellungnahme wie ein in naher Zukunft erwartetes Ereignis. Denn vor dem in ferner Zukunft erwarteten Ereignis (Sterben und Tod) werden noch eine Fülle anderer Ereignisse erwartet, die zur Auseinandersetzung auffordern. Ein Partner ist zu finden und wird gefunden, eine Karriere ist zu planen und aufzubauen, ebenso wie ein Vermögen. Das sind die jedem Menschen vorgegebenen Stationen, die jeder zu absolvieren hat, auch wenn er meint, hier sein Leben frei gestalten zu können. Erst wenn alle Stationen durchlaufen sind, kommt die finale Station oder das finale Ereignis in den Blick. Dann wird dem alten oder kranken Menschen klar, dass ja doch noch eine weitere Station zu bewältigen ist. Erst dann erfolgt in der Regel die Beschäftigung mit Sterben und Tod.

Dabei ist ja durchaus überlegenswert, ob nicht eine frühe Beschäftigung mit Sterben und Tod vielleicht ganz hilfreich wäre bei der Bewältigung der einzelnen von der Gesellschaft vorgegebenen Stationen, denn jede dieser Stationen könnte man mit Fragen wie „Karriere, Erfolg, Vermögen – wozu?" begleiten. Im Hinblick auf den irgendwann anstehenden Tod könnten sich manche Ziele und die dafür aufzuwendenden Anstrengungen relativieren.

Intensität und Art der Beschäftigung mit Sterben und Tod sind also von persönlichen Faktoren (wie eben Lebensalter, Lebenssituation und Persönlichkeitsstruktur) abhängig. Unabhängig davon bestimmt sich aber die Einstellung des einzelnen Menschen zu diesem Thema nach einigen allgemeinen Gesichtspunkten, die letztlich die Einstellung aller im Wesentlichen begründen. Dabei handelt es sich um die Möglichkeiten von Erfahrung, Vorstellung und Wissen von eigenem Sterben und eigenem Tod. Erfahrung verstehen wir als das, was wir wahrnehmen und durch unser Denken einordnen und in einen Zusammenhang stellen. Vorstellung dagegen wird in einem weiten Sinne verstanden als Bewusstseinsinhalt, der auf einen Gegenstand oder Sachverhalt bezogen ist. Vorstellungen in diesem Sinne kann also nur haben, wer Erfahrungen gemacht hat und Erfahrungen machen kann. Wissen schließlich ist die auf objektiv und subjektiv zureichenden Gründen beruhende Überzeugung des Wissenden, dass ein Gegenstand oder Sachverhalt tatsächlich vorliegt.

Wissen um Sterben und Tod

Alle Menschen wissen, dass sie sterben müssen. Es ist allerdings unklar, wie die Menschen zu diesem Wissen kommen. Überwiegend wird die Auffassung vertreten, dass sie dieses Wissen durch die Erfahrung von Sterben und Tod erwerben. Es ist nicht ganz klar, in welchem Alter sich dieses Wissen bei Kindern entwickelt. Das hängt wesentlich von der Entwicklung ihrer intellektuellen Fähigkeiten als Voraussetzung dafür ab, dass sie ihr Leben nicht nur aus dem Augenblick heraus führen, sondern im Wissen um Vergangenheit und Zukunft. Dann sind sie in der Lage, Erfahrungen von Sterben und Tod in der Familie und ihrer Umgebung entsprechend zu verarbeiten, dann entwickelt sich aus diesem Wissen erstmals Angst, nicht nur bei akuter Bedrohung, sondern schon beim Gedanken an Sterben und Tod, auch wenn sie in (vermeintlich) weiter Ferne liegen.

Nun gibt es aber auch die Auffassung, dass dieses Wissen um Sterben und Tod allen Menschen mit entwickelter Vernunft sozusagen mitgegeben sei, auch wenn sie nie menschlichem Sterben und Tod begegnet seien. Begründet wird diese Auffassung im Wesentlichen mit unserer Denkstruktur: Von allem, was ist, muss es einen Zeitpunkt geben haben, als es noch nicht war, und es muss einen Zeitpunkt geben, zu dem es nicht mehr sein wird. Oder anders ausgedrückt: Alles, was ist, hat einen Anfang und ein Ende. Wenn es Leben gibt, muss es auch Nicht-Leben geben, ein Leben ohne Nicht-Leben ist gar nicht denkbar. Das folgt aus der Struktur unseres Denkens. Unser Leben hat begonnen, also muss es auch enden. Ein Anfang ohne ein Ende wäre kein Anfang, ebenso wie es ein Ende ohne Anfang nicht gibt.

Dieses durch unsere Denkstruktur bedingtes Wissen bräuchte dementsprechend die Erfahrung von Sterben und Tod nicht, um zu der Feststellung zu kommen, dass das Leben einmal enden muss, eben weil es zu jedem Leben einen Tod gibt. Der Tod wäre zwangsläufig: Weil ich denken kann, weiß ich, dass ich irgendwann sterben muss. Wer dieses Vermögen nicht (Tiere) oder noch nicht (ganz kleine Kinder) oder (wie im Falle einer fortgeschrittenen Demenz) nicht mehr hat, hat auch nicht das Wissen, dass er sterben muss. Er hat damit auch keine Angst mehr vor dem auf ihn irgendwann zukommenden Sterben, allenfalls noch eine durch unmittelbare Bedrohung ausgelöste, reflexartige Todesangst, die eigentlich eine Furcht vor dem Tod ist. Das vom behandelnden Arzt mit unbewegtem Gesicht angekündigte Ableben in einigen Monaten bei unbehandelbarer Krebserkrankung wird ihn dagegen nicht mehr berühren.

Allerdings ist fraglich, ob dieses lediglich aus unserer Denkstruktur resultierende Wissen um Sterben und Tod dazu geeignet ist, tiefgehende Ängste vor Sterben und Tod zu begründen.

Vermutlich sind dazu doch auch noch emotional anrührende Erfahrungen erforderlich.

Wer ein Wissen um den Tod hat, der weiß also, dass Sterben ein Prozess des Vergehens des Lebens ist, der seinen Abschluss im Tod findet. Wer lebt, lebt irgendwann einmal nicht mehr. Der Schluss ist begründet, wenngleich nicht im streng logischen Sinne: Bisher ist jeder Mensch gestorben, also werde auch ich irgendwann sterben und dann tot sein. Die Menschen haben aber vielfältige Möglichkeiten gefunden, sich hier zu beruhigen: Dass bisher alle Menschen gestorben sind, begründet nicht mit Notwendigkeit auch meinen Tod. Ich könnte eine Ausnahme sein. Und in der Tat: Dieser Gedanke beschäftigt Menschen durchaus, die den Tod immer nur als den Tod der anderen erleben. Der eigene Tod kommt dabei gar nicht vor. Eine ganz einfache Überlegung könnte hier weiterhelfen: Fragen Sie sich, was ihre Ausnahmesituation im Vergleich zu anderen Menschen begründen könnte. Gibt es etwas an Ihnen, das andere Menschen nicht haben und das Sie als die Ausnahme ausweisen könnte, die nicht stirbt?

Stichhaltig wäre ein Argument, das sich auf eine Einzigartigkeit Ihres Körpers bezieht. Aber solche Einzigartigkeiten eines einzelnen menschlichen Körpers wurden nie beobachtet. Argumentiert werden könnte auch mit der Einzigartigkeit der Person. Natürlich sind Sie einzigartig mit Ihrer Geschichte, Ihren Kenntnissen, Ihrem Aussehen und Ihrem Körper. Aber das sind alles nur verschiedene Kombinationen von Eigenschaften, die irgendwo anders irgendjemand anders auch hat. Es ist keine Eigenschaft ersichtlich, die nur Ihnen zukäme und die Sie mit dem Hinweis darauf, dass es den Tod für Sie nicht gibt, aus der Masse der Menschen heraushöbe. Ihre spezielle Kombination von Eigenschaften ist Ihnen und einigen Freunden deshalb wichtig, weil sie das ist, was Sie ausmacht. Damit wird für Sie und die Freunde Ihr Wert begründet, der aber allenfalls dazu taugt, eine begrenzte Erinnerung an Sie zu begründen. Selbst wenn durch ungewöhnliche Eigenschaften und Leistungen Ihr Wert in ganz ungewöhnlicher Weise stiege und nicht nur Freunde und Bekannte, sondern die ganze Menschheit Ihren Wert schätzte und Sie vielleicht sogar liebte, unsterblich würden Sie nicht, weil Ihr Körper stirbt, für den eine Einzigartigkeit Ihrer Person ohne Belang ist.

Wenn man sich so der Frage nähert, wird sehr schnell klar, dass es nichts gibt, das irgendeinem Menschen eine Ausnahmesituation zuweist, aus der er auch nur die geringste Hoffnung auf Unsterblichkeit ableiten könnte. Alle Menschen wissen, dass sie Menschen sind und erleben sich als Menschen, deshalb wissen sie um die Tatsache ihres Todes (als ein Ende ihres Lebens) oder müssten doch darum wissen. Allerdings wird dieses Wissen oft als belastend verdrängt, manchmal eben auch mit irrationalen Gedankengängen: Der Tod ist immer der Tod der anderen.

Ihr Tod ist Ihnen also sicher. Genauso sicher ist: Niemand weiß, wie es ist, ein Toter zu sein. Denn ein solches Wissen wäre ein Widerspruch in sich. Jedes Wissen um den eigenen Zustand setzt einen lebenden Wissenden voraus, den es im Zustand des Totseins nicht mehr gibt. Der Zustand von Totsein kann also nicht als ein bestimmter Zustand gekannt werden, vergleichbar etwa dem Wissen, das man von sich bzw. seinem Zustand hat, wenn man krank ist. Es gibt auch kein Wissen des Todes als Abschluss bzw. Ende des Lebens, weil eine Zustandsänderung nichts ist, was gewusst werden kann. Den Zustand Ihres eigenen Totseins können Sie sich auch nicht aus dem Tod der anderen erschließen. Denn auch für die anderen gelten die gemachten Ausführungen. Der Tod legt sozusagen den Schalter um zwischen dem Wissen bzw. der Möglichkeit von Wissen (die der Lebende hat) und der prinzipiellen Unmöglichkeit von Wissen (des Toten). Die Frage, wie es ist, ein Toter zu sein, ist der neuen Situation (nach Eintritt des Todes) völlig unangemessen, obwohl sie sich aufdrängt. Das macht den Tod nicht nur unheimlich, sondern auch rätselhaft.

Da Ihnen der Tod sicher ist, ist damit auch sicher, dass Sie sterben müssen. Allerdings können Sie nie genau wissen, ob Sie gerade sterben. Die meisten Ereignisse sind durch sich selbst ausgewiesen. So weiß ich, dass ich bei einer Hochzeitsfeier bin, wenn es eine Braut und einen Bräutigam gibt, die Menschen lustig sind und lachen und die Gesellschaft tanzt. Sterben dagegen ist durch ein Ergebnis (den Tod) ausgewiesen.

Ich liege schwerkrank und mit hohem Fieber im Bett, der Puls ist unregelmäßig, der Atem geht schwer. Sterbe ich? Die Ärzte werden vielleicht eine Erklärung für meinen Zustand haben und die Angehörigen beruhigen: „Er ist kräftig, er stirbt nicht." Es bleibt bei jeder dieser Aussagen aber immer eine Unsicherheit, die in der Natur der Sache liegt, denn die Ärzte können nicht alles wissen. Die Feststellung muss aus prinzipiellen Gründen auch für jede Bagatellerkrankung gelten. Dass ein Unwohlsein oder ein Schmerz kein Sterben ist, ist erst dann gewiss, wenn ihm der Tod nicht gefolgt ist. Unwohlsein und Schmerzen könnten erste Symptome einer unheilbaren Krankheit sein und waren dann Beginn meines Sterbens. Letztlich müsste diese Feststellung sogar für jede Sekunde meines Lebens gelten, da ich nie mit Sicherheit wissen kann, dass ich nicht gerade sterbe.

Es gibt also ein allgemeines Wissen um Sterben und Tod, das in der Struktur unseres Denkens und damit in unserer Vernunft begründet ist und zu dem wir im Laufe unseres Lebens immer weitergehende Erfahrungen sammeln. Ein spezielles Wissen um das eigene Sterben und den eigenen Tod gibt es dagegen nicht.

Sind Sterben und Tod erfahrbar?

Tod

Gibt es eine Erfahrung des eigenen Todes? Diese Frage erfordert eine Klärung dessen, was wir unter dem eigenen Tod verstehen. Dabei ist das wohl übliche Verständnis, dass eigener Tod das eigene Totsein bezeichnet, also ein Nicht-Mehr-Sein. Mit dieser Präzisierung ist die Frage einfach zu beantworten: Die Möglichkeit der Erfahrung haben Sie nur, wenn Sie wahrnehmen und die Wahrnehmung denkend verarbeiten können. Das setzt einen lebenden Körper voraus, den Sie als Toter nicht mehr haben. Sie können sich also prinzipiell nicht als tot wahrnehmen. Wenn Sie einen Toten sehen, ist es immer ein anderer als Sie, der tot ist. Ihr eigener Tod (als Totsein verstanden) liegt also außerhalb ihres Erfahrungsbereiches, weil Leben und Totsein unvereinbar sind.

Auch wenn man den Tod als eine Trennlinie zwischen Leben und Totsein versteht, ändert sich an dieser Feststellung nichts. Auch dann wäre der Tod kein Ereignis, das einem im Leben begegnet und das man erfahren kann. Der Philosoph Ludwig Wittgenstein hat das in einer Abhandlung (Tractatus logico-philosophicus, 6.4311) präzisiert: „Der Tod ist kein Ereignis im Leben. Den Tod erlebt man nicht."

Man kann sich dem Thema (Erfahrung des eigenen Todes) aber vielleicht auf Umwegen nähern, indem der Tod der anderen beobachtet und daraus auf den eigenen Tod geschlossen wird. Diese Beobachtung zeigt aber nur, wie Sterben abläuft. Die für viele naheliegende Frage „Und was ist dann, wenn ich tot bin?" ist damit nicht zu beantworten. Diese prinzipielle Unmöglichkeit, den Tod zu erfahren, ist vielleicht der wesentliche Grund für die Angst vor dem Tod. Shakespeare hat diese Situation in dem berühmten Hamlet-Monolog beschrieben, der nach dem Beginn mit „Sein oder Nichtsein, ja, das ist die Frage ..." später zu der Feststellung kommt: „Wer trüge diese Lasten und stöhnt' und schwitzte unterm Joch des Lebens, wenn nicht die Furcht vor etwas nach dem Tod – dem unerforschten Land, von dessen Grenzen kein Wandrer wiederkehrt – den Willen lähmte ...".

Aus diesem unerforschten Land (dem eigenen Totsein) gibt es keine verlässliche Kunde, der Tod ist nicht erfahrbar, unabhängig davon, wie man ihn versteht. Der Tod wird hier immer als ein unumkehrbarer Zustand betrachtet. Diese naheliegende Ansicht der Dinge soll unseren Überlegungen zugrunde gelegt werden. Die Trennlinie kann nur in einer Richtung überschritten werden; wessen Leben geendet hat, der kehrt nicht mehr ins Leben zurück. Was umgekehrt heißt: Wer etwas aus „dem unerforschten Land" (Hamlet-Monolog) berichten kann, der war nicht tot.

Nahtod

Nun gibt es allerdings Berichte von Menschen, die sich dieser Grenze (dem Tod) sehr weit genähert haben, ohne sie zu überschreiten. Viele dieser Menschen waren wohl nach den üblichen Kriterien schon klinisch tot, wurden aber erfolgreich reanimiert. Sie berichteten über visuelle und zum Teil auch akustische Erlebnisse. Da sich diese Berichte in vielen Aspekten entsprechen, kann man fast eine idealtypische Beschreibung geben: Der (klinisch) Tote findet sich von seinem Leib getrennt, den er betrachten kann („Ich sah vollkommen deutlich meinen Körper, der leblos auf dem Bett ausgestreckt lag, auf dem Rücken wie ein Leichnam"). Die Szene wird weiter beobachtet: Ärzte und Krankenschwestern werden zum Beispiel gesehen, die sich um den (klinisch) Toten bemühen und ihn reanimieren. Dabei werden Bemerkungen gehört wie „Oh Gott, er ist tot". Dieser Außerkörperlichkeitserfahrung kann eine Art Durchgangsstadium folgen, in dem sich die Betroffenen durch einen Tunnel auf ein helles Licht zu bewegen. Dann finden sich die Betroffenen in einem sehr hellen, unirdischen Licht, es werden Personen als Lichtgestalten gesehen, oft früher verstorbene Verwandte, aber auch Freunde und Bekannte. Meist wird nur das Gesicht gesehen, in der Regel ganz klar, sodass die Gestalten erkannt werden. Meist sind die Gestalten stumm, manchmal sagen sie etwas. Die Betroffenen bewegen sich in den verschiedensten Landschaften, sie fühlen sich in unbeschreiblicher Weise wohl. Beschrieben werden Ruhe und tiefer Frieden, wie er auf der Erde nicht möglich ist. Oft kommt es zu einer Lebensrückschau, die minutenschnell wie ein Film abläuft. Die meisten Betroffenen bedauern es, diese Welt wieder verlassen zu müssen. Manche bringen aus dieser Welt Aufträge mit, die religiöse Inhalte haben; manche betreiben danach entsprechend ihrem Auftrag berufliche oder familiäre Änderungen. Für unsere Betrachtung hier besonders bemerkenswert ist die

Angabe der meisten Betroffenen, keine Angst mehr vor dem Tod zu haben.

Wie sollen wir mit diesen Berichten umgehen? Die Autoren dieser Berichte verweisen auf die von ihnen geprüfte Glaubwürdigkeit der Betroffenen, die berichteten Außerkörperlichkeitserfahrungen werden mit den tatsächlichen Ereignissen verglichen (die dem Betroffenen als einem klinisch Toten nicht zugänglich sein sollten) und Übereinstimmungen werden festgestellt.

Was heißt das nun? Der physiologische Ablauf des Sterbens schließt nicht aus, dass der Sterbende noch Erfahrungen macht. Der Tod tritt, wie oben ausgeführt, nur in seltenen Fällen schlagartig ein, sondern es kommt stufenförmig zu einem Zusammenbruch des Lebens. Das betrifft auch den Zusammenbruch der Gehirnfunktion. Es ist also durchaus denkbar, dass einzelne Gehirnfunktionen noch intakt waren, während andere bereits (reversibel) ausgefallen waren, bevor erfolgreich reanimiert wurde. Insofern sind solche Erfahrungsberichte (Nahtoderfahrungen) aus dem Grenzgebiet des Todes vorstellbar, auch wenn ein klinisch toter Mensch natürlich nicht bei Bewusstsein ist. Man muss wohl auch unbewusste Erfahrungen zulassen.

Das Problem besteht darin, dass Wahrnehmungen von einem Punkt außerhalb des Körpers berichtet werden. Das ist nicht mehr vereinbar mit der medizinisch erklärbaren Möglichkeit, dass der Sterbende noch einzelne Erfahrungen macht (also zum Beispiel etwas hört). Diese Außerkörperlichkeitserfahrungen, in der Fachsprache der Nahtodspezialisten OBE (Out-of-Body Experience) genannt, hätten nämlich zur Voraussetzung, dass es den Menschen nicht nur als einen (klinisch toten) Körper, sondern noch einmal als ein (körperloses) Wesen gäbe, das aber beobachten und erinnern könnte (denn es berichtet ja später davon) und von den Lebenden nicht wahrgenommen würde. Und dieses (körperlose) Wesen müsste nach erfolgreicher Reanimation in den Körper zurückkehren oder nach erfolgloser Reanimation als ein Etwas zurückbleiben, dessen weiteres Schicksal zu bestimmen wäre. Mit den allgemein akzeptierten Erkenntnissen der Wissenschaft sind derartige Vorstellungen nicht vereinbar.

Dazu kommt, dass viele Betroffene auch noch von einem Blick über die Linie berichten, die das Leben („Sein") vom Tod (als „Nichtsein") trennt. Anders sind die Berichte der Betroffenen, verstorbenen Verwandten und Freunden als Lichtwesen begegnet zu sein, nicht zu erklären. Diese Berichte wären dann Zeugnis davon, dass der Tod nicht einfach das Ende des Lebens ist, sondern nach dem Tod noch etwas kommt, was nach den Berichten der Rückkehrer ruhig, schön und wohltuend ist, sodass viele Rückkehrer eigentlich gar nicht zurückkehren wollten.

Die Situation ist ja bekannt: Es gibt auf der Erde überall Grenzen, aber hinter jeder Grenze gibt es wieder ein anderes Land. Es widerspricht jeder Erfahrung, dass es hinter einer Grenze nichts mehr gibt. Schon unser Denken schließt eine derartige Möglichkeit aus. Wenn also der Tod das Leben begrenzt, muss es nach dem Leben noch etwas geben, die Frage ist nur: Was?

Die Anschauung lehrt uns, dass der Körper des Verstorbenen nach dem Tod (wenn die Trennlinie zwischen Leben und Tod überschritten ist) zerfällt und von dem Verstorbenen nichts bleibt als Staub. Den Verstorbenen als eine Person, die die Gedanken und Gefühle und auch die Geschichte des Lebenden fortführt, gibt es nicht mehr. Der Verstorbene „lebt" allenfalls in Dingen, die er geschaffen hat, und das auch nur für die begrenzte Zeit, in der wir ihn in unserer Erinnerung bewahren. Der Staub hat mit ihm nichts mehr zu tun.

Für die Menschen ist diese Situation aber kaum hinnehmbar. Dass das Leben weitergeht bzw. weitergegeben wurde, tröstet sie nicht. Sie sehen nur sich und das niederschmetternde Fazit eines Lebens voll Mühe und Plage: eine Handvoll Staub. Um die Plagen zu ertragen, brauchen sie zumindest eine Hoffnung. Und Hoffnung heißt hier, zumindest die Möglichkeit einzuräumen, dass der Tod nicht einfach das Ende des Lebens ist. Da die Handvoll Staub als Rest eines Lebens offenkundig ist (man kann die kleine Urne bequem vom Krematorium zum Begräbnisplatz tragen), kann die einzige Möglichkeit eines Weiterlebens nur darin bestehen, dass das Weiterleben in einem Zustand erfolgt, der von dem bekannten Leben völlig verschieden ist. Diese Möglichkeit wurde nicht nur immer wieder in Betracht gezogen, sondern wird von vielen Menschen als gegeben angesehen. Ob das mehr als ein Wunsch ist, ist nicht relevant. Entscheidend ist, dass den Menschen so eine Hoffnung bleibt. Und da die Grenze zwischen Leben und Tod rätselhaft und unheimlich ist, wird die Fantasie der Menschen nur desto stärker entfacht. Sie sammeln, wie von Beobachtungstürmen, alles, was sie über das Land jenseits der Grenze des Lebens in Erfahrung bringen können. Man sieht viel Unbestimmtes und reimt sich dann vieles zusammen.

Nun könnte man sich aber auf den Standpunkt stellen, wenn viele Menschen mit Nahtoderfahrung über die Grenze geblickt und hinter der Grenze etwas gesehen haben, dann gibt es dieses Land jenseits der Grenze (gleichbedeutend mit einem Weiterleben nach dem Tod) vielleicht doch. Es könnte ja sein, dass unsere Skepsis dadurch bedingt ist, dass wissenschaftliches Denken als absolut genommen wird und jede Offenheit verloren ging. Offenheit sollte doch heißen, einzuräumen, dass es Dinge zwischen Himmel und Erde gibt, die über die Erkenntnisse der Wissenschaft hinausgehen. Vielleicht gehören Nahtoderfahrungen ja dazu. Wir sollten für alles offen sein. Wie könnte unsere Prüfung des Problems aussehen?

Es gibt journalistische Berichterstattungen über dieses Grenzgebiet, die allerdings nicht durchwegs seriös sind. Darauf soll hier nicht weiter eingegangen werden. Die Literatur dazu ist aber ausgesprochen umfangreich, für einen ersten Einstieg wird dem Leser empfohlen: „Transzendenzerfahrungen" von Stefan Högl (siehe Literaturempfehlungen). Es gibt dazu auch eine Sammlung von Berichten aus der Weltliteratur, die einen Zeitraum von über 2000 Jahren umfasst: „Als ich am gestrigen Tag entschlief ..." von Dietmar Czycholl (Hrsg.), ebenfalls in den Literaturempfehlungen. Diese Sammlung ist literarisch eindrucksvoll, allerdings nicht so authentisch wie die Originalberichte.

Auf die Prüfung dieser Berichte sollten Sie sich in einer Weise vorbereiten, die Sie möglichst aufgeschlossen macht. Denn Sie haben ganz begrenzt, aber immerhin in bestimmten Lebenssituationen die Möglichkeit, Erfahrungen zu machen, die bei üblichem Realitätsbezug nicht möglich sind. Wenn Sie aus dem Schlaf erwachen, sind Sie nicht sofort vollständig wach, sondern Sie erwachen mehr oder weniger schnell, wobei vor allem die Wahrnehmungsfähigkeit oft erst schrittweise und etwas verzögert aktiviert wird. Wenn Sie die Augen geschlossen lassen und es im Zimmer sehr ruhig ist und Sie keine körperlichen Beschwerden haben, die Sie ablenken, können Sie manchmal für Minuten die Erfahrung machen, dass Sie bestimmte Reize (zum Beispiel Geräusche auf der Straße) in besonderer, sonst nicht möglicher Intensität und Ausprägung wahrnehmen und sich Ihr dadurch angestoßenes Denken mit einer Leichtigkeit bewegt, die ganz überraschende Ergebnisse zustande kommen lässt. Dass diese Ergebnisse bei späterer Kontrolle oft unzutreffend oder gar unsinnig sind, soll hier nicht weiter interessieren. Entscheidend ist für uns, dass selektive Einschränkungen der Wahrnehmung (wie sie beim Eintritt des Todes ja geschehen) begrenzt auch bei Lebenden möglich sind.

Ein nächster Schritt wäre dann die Prüfung dieser Nahtodberichte. Man vergleicht die Berichte des Reanimierten mit dem, was tatsächlich vorfiel. Besteht eine Übereinstimmung und ist ausgeschlossen, dass der Reanimierte von anderer Seite von den Vorgängen erfahren hat, wäre das ein starker Hinweis dafür, dass er derartige Außerkörperlichkeitserfahrungen tatsächlich gemacht hat. Wenn man sich nun derartige Berichte ansieht, wird immer wieder Übereinstimmung versichert und eine Mitteilung an den Reanimierten von anderer Seite ausgeschlossen. Eine eigene Überprüfung ist aber meist nicht möglich. Man kann den Berichterstattern vertrauen oder auch nicht. Eine Skepsis bleibt.

Wie ist zu bewerten, dass sich die Berichte in vielen Punkten entsprechen? Wir haben gesehen: Viele der Betroffenen konnten ihre Reanimation von einer Position außerhalb ihres Körpers beobachten, die meisten bewegten sich durch einen langen, engen Tunnel und traten dann in eine Lichtwelt, alle erfasste ein überwältigendes Gefühl der Ruhe und des Friedens, das kein Betroffener mehr missen wollte.

Diese relative Uniformität der Berichte erklärt eine rationale Wissenschaft durch eine gemeinsame Ursache. Sie stellt diese Berichte in eine Reihe mit Berichten, wie sie zum Beispiel intoxikierte (verschiedene Gifte, vor allem aber Halluzinogene) oder traumatisierte (Schädel-Hirn-Trauma) Patienten geben, wobei sich deren Berichte tatsächlich entsprechen. Als entscheidend wird ein auf das Gehirn einwirkender Reiz (Gift, eingeschränkte oder kurz unterbrochene Versorgung mit Sauerstoff und Nährstoffen etc.) angesehen, der unabhängig von der Ursache zu gleichen oder ähnlichen Symptomen führt.

Die Antwort auf diesen Einwand einer rationalen Wissenschaft wäre die Feststellung, dass damit in keiner Weise etwas über den Inhalt dieser Erlebnisse gesagt ist, die als solche erlebt wurden. Dagegen wird dann wieder eingewendet, dass diese Berichte nur das reproduzieren, was in unserem kulturellen Kollektivverständnis über eine Welt jenseits unserer aktuellen Welt niedergelegt ist. Aber auch auf diesen Einwand gibt es wieder eine Antwort. Schließlich muss sich unser kulturelles Kollektivverständnis ja irgendwie gebildet haben. Auch wenn man der Fantasie große Möglichkeiten einräumt, braucht sie doch für ihr Wirken regelmäßig die Erfahrung als den Stoff, aus dem sie ihre Gebilde spinnt. Auch die Vorstellung einer Welt jenseits der aktuellen Welt braucht also Erfahrungsberichte, eben Berichte über Nahtoderfahrungen (als Berichte von Menschen, die einen kurzen Blick auf diese Welt werfen konnten). Und nicht nur Nahtoderfahrene haben einen Blick über die Grenze geworfen. Denken Sie an die Berichte der Heiligen, der Verzückten und Ekstatischen bzw. aller Menschen, die über die Fähigkeit verfügen, die gewöhnlichen Erfahrungsbereiche zu übersteigen. Selbst ein ganz kritischer, rationaler Mensch wird nicht definitiv ausschließen können, dass es solche Fähigkeiten zumindest geben kann. Lesen Sie also auch die Berichte der Heiligen, Verzückten und Ekstatischen, kritisch natürlich, aber ohne Voreingenommenheit. Sie haben immerhin die Chance, etwas zu erfahren über eine mögliche Welt jenseits unserer aktuellen Welt und vor allem darüber, wie es ist, ein Toter zu sein, was nach rationalem Verständnis unmöglich ist.

Schließlich werden viele mit dem Einwand kommen, dass eben kein Toter war, wer über sein Totsein berichten kann. Der Einwand ist dann berechtigt, wenn das übliche Verständnis von Tod und Leben derart zugrunde gelegt wird, dass ein Mensch entweder tot ist oder lebt. Er ist nicht berechtigt, wenn es noch ein Drittes gibt neben Leben und Tod (in unserem üblichen Verständnis), nämlich ein Anderssein, sowohl in Bezug auf das Leben als auch in Bezug auf den Tod. Die oben genannten Nahtodberichte könnten Hinweise dafür geben, dass derartige Zustände auftreten können.

Sterben

Kann man Sterben selbst erfahren? Auf die Erfahrung von Sterben brauchen Sie nicht zu warten. Denn, wie weiter oben ausgeführt, sterben Sie, seit Sie leben. Sie merken es nur nicht. Wenn Sie sich aber aufmerksam beobachten, werden Sie feststellen, dass Sie sich fortlaufend verändern, und zwar in einer Richtung, die durch einen fortlaufenden Verlust körperlicher und geistiger Fähigkeiten bestimmt ist – ein Vorgang, der in der Gesellschaft als Altern bezeichnet wird. Sie wollen über Ihren Körper verfügen und stellen fest, dass seine Verfügbarkeit fortlaufend nachlässt (kleinere Schwankungen Ihrer körperlichen Verfassung sollen hier unberücksichtigt bleiben). Gelegentlich beschleunigt sich dieser Prozess, etwa wenn Sie krank sind. Sie sterben dann schneller. Wenn später gesagt wird, die Krankheit sei geheilt oder Sie seien nach überstandener Krankheit wieder ganz der Alte, so ist das eine Irreführung, weil unausgesprochen die Erwartung geweckt wird, es gäbe einen dem Sterben gegenläufigen Prozess. Dass gerade Ärzte eine derartige Erwartung zu wecken suchen, ist naheliegend.

Aber auch jede Gesellschaft sucht bei ihren Mitgliedern die Erwartung eines dem Sterben gegenläufigen Prozesses zu wecken. Maßnahmen zur Gesundheitsvorsorge werden propagiert, Leistungen des Medizinbetriebes werden herausgestellt und auf Erfolge wird hingewiesen. Denn diese Erwartung ist eines der Fundamente, auf dem die Gesellschaft steht, die Bauwerke für Generationen errichtet, von ihren Mitgliedern Sparanstrengungen fordert, die sich erst nach Jahrzehnten oder für spätere Generationen auszahlen, und in der vor allem verkauft werden soll, langlebige Konsumgüter und besonders auch Immobilien. Diese zum Gedeihen der Gesellschaft erforderlichen Aktivitäten leisten die Mitglieder der Gesellschaft aber nur, wenn sie nicht in dem Gefühl leben, eigentlich fortlaufend zu sterben. Andernfalls würden sie sich fragen, welchen Sinn ihre Anstrengungen überhaupt haben. Sollte jedoch aus dem gelegentlich auftauchenden, aber schnell wieder unterdrückten Gefühl die nachhaltige Überzeugung der Menschen werden, dass sie sterben, seit sie leben, würde die Gesellschaft infrage gestellt. Dabei wäre eine derartige Überzeugung auch dann schon eine Gefahr für die Gesellschaft, wenn nur wenige sie haben. Denn die Ansteckungsgefahr ist beträchtlich.

Aber es wird nicht nur die Erwartung eines dem Sterben gegenläufigen Prozesses geweckt. Um jede Ansteckung mit dem Gedanken an Sterben zu vermeiden, wird das Sterben auch noch tabuisiert. Sie begegnen täglich vielen Menschen, unter denen einige sein werden, deren restliche Lebenszeit sehr begrenzt ist, die also Sterbende im engeren Sinne sind. Über das Sterben wird aber in der Regel nicht gesprochen. Nun bricht gelegentlich jemand auf der Straße oder in der U-Bahn zusammen, weil sich der Sterbeprozess weiter beschleunigt hat (zum Beispiel durch einen Herzinfarkt oder Schlaganfall). Auch in diesen Fällen ist das Tabu der Gesellschaft wirksam. Sterben soll nicht öffentlich ablaufen. Diese Person wird sofort von speziell geschulten Einsatzkräften in spezielle Einrichtungen (die Krankenhäuser) gebracht, wo der beschleunigte Sterbeprozess dann unter Ausschluss der Allgemeinheit abläuft, überwacht von den speziell geschulten Kräften, und wo es zugegebenermaßen immer wieder gelingt, den beschleunigten Sterbeprozess wieder in den normalen Sterbeprozess zu überführen, was als Heilung bezeichnet wird. Diese Einsatzkräfte treten deshalb als „Rettungssanitäter" auf, um die Illusion eines dem Sterben gegenläufigen Prozesses (der „Rettung") aufrechtzuerhalten.

Trotz aller dieser Bemühungen der Gesellschaft, Sterben aus dem Erfahrungsbereich der Menschen herauszunehmen, ist Ihr eigenes Sterben für Sie erfahrbar, wenn Sie nur den eigenen fortlaufenden Alterungsprozess ebenso wie jede Krankheit richtig interpretieren. Es ist die Erfahrung einer langsamen Zerstörung Ihres Körpers, die sich von einem bestimmten Punkt an zu einem Prozess beschleunigt, den auch unsere Umgangssprache dann Sterben nennt und der zu einem absehbaren Zeitpunkt zu einem Abschluss kommt (Ihrem Tod). Man wird es Ihnen sagen oder Sie werden es aus Andeutungen vermuten oder es selbst aus einer richtig interpretierten Folge von Ereignissen und Symptomen schließen. Allerdings liegt über der uns möglichen Erfahrung unseres eigenen Sterbens immer eine Einschränkung. Denn ob ein Zustand von Krankheit und Leiden bereits Sterben ist, ist gewiss erst nach Eintritt des Todes, mithin ist nie mit absoluter Sicherheit gewiss, dass ich sterbe. Das hat die wichtige Konsequenz, dass über allem Sterben immer eine Hoffnung liegt (dass es sich nicht um Sterben handelt), so klein sie auch sein mag.

Sind Sterben und Tod vorstellbar?

Tod

Wenn es also eine Erfahrung des eigenen Nicht-Mehr-Seins (nach dem Tod als Abschluss des eigenen Lebens) nicht geben kann, gibt es dann vielleicht die Möglichkeit, sich diesen Abschluss und das Nicht-Mehr-Sein wenigstens vorzustellen?

Können Sie sich sich selbst als Leichnam vorstellen? Versuchen Sie es. Schließen Sie die Augen und sehen Sie sich tot in einem Sessel sitzend. Sie werden feststellen, dass diese Vorstellung schwierig ist und erhebliche Kraftanstrengung erfordert. Viele werden schon die Schwierigkeit haben, sich überhaupt sehen zu können, weil viele gar kein Bild von sich haben. Sie werden gedanklich dazu ein Foto heranziehen müssen, das Sie aber in einer Situation zeigt, in der Sterben kein Thema ist. Sie sollen sich aber als tot vorstellen. Sie müssen also in Ihrer Vorstellung das eigene Bild in einer Weise verändern, wie Sie es von den Bildern Toter kennen. Sie müssen sich als tot kennzeichnen, zum Beispiel durch eine veränderte Gesichtsfarbe oder eine veränderte Augenstellung, wie Sie sie bei Toten vermuten. Wenn Sie das schaffen (sich selbst als tot vorzustellen), dann ist die Vorstellung allenfalls von einem gewissen Schauer begleitet, eine tiefer gehende Erschütterung zeigt niemand. Denn die Vorstellung des fremd gewordenen eigenen toten Körpers erfolgt durch den Lebenden, der sich seines lebendigen Körpers gewiss ist und mithin die Vorstellung des eigenen toten Körpers jederzeit auflösen kann.

Schwieriger wird es, wenn die Frage anders gestellt wird: Können Sie sich vorstellen, dass es Sie nicht mehr gibt, können Sie sich Ihr Nichtsein vorstellen? Sie sind vermutlich geneigt, diese Frage zu bejahen. Sie geben dann eine Schilderung der Welt, wie Sie sie kennen, nur ohne Sie oder nur mit Bezügen auf Sie als bereits verstorben: Die Familie sitzt nach der Beerdigung zusammen und spricht über den Verstorbenen (also Sie). Am nächsten Tag fahren alle zur Arbeit, der Verstorbene (also Sie) wird erwähnt, was in der folgenden Zeit immer seltener wird. Der vor Ihrem Tod begonnene Hausbau wird fertiggestellt, der Sohn zieht mit seiner Familie ein, die Enkel wachsen heran. Sie können sich eine Welt ohne Sie denken. Aber diese Welt wäre immer noch Ihre Welt, da Sie es ja sind, der sich diese Welt denkt. Aber Sie sollen sich ja vorstellen, dass es

Sie nicht mehr gibt, Sie also nicht mehr wahrnehmen, denken und handeln können. Dann gibt es für Sie keine Welt mehr und dann können Sie auch keine Vorstellungen mehr haben. Nichtsein und Vorstellungen zu haben, ist unvereinbar. Deshalb ist es einem Menschen prinzipiell unmöglich, sich vorzustellen, wie es ist (und das heißt immer, wie es für ihn ist), wenn es ihn nicht mehr gibt. Eine Vorstellung des eigenen Totseins ist also nicht möglich.

Sterben

Wenn Sie jetzt in derselben Weise diese Fragen in Bezug auf das Sterben stellen, werden Sie feststellen, dass die Beantwortung wesentlich einfacher ist. Das liegt daran, dass der Sterbende sich zwar mehr oder weniger schnell auf sein Ende, den Tod, zubewegt, aber noch unter den Lebenden weilt, also meist noch bis kurz vor dem Ende wahrnimmt, denkt, fühlt und im Rahmen des noch Möglichen handelt.

Die Frage „Können Sie sich vorstellen zu sterben?" wird von den meisten Menschen mit einem einfachen „Ja" beantwortet, weil sie die Frage in unbewusster Distanzierung in die Frage umdeuten, ob man sich Sterben überhaupt vorstellen kann. Sterben wird uns ja täglich vorgeführt, in Romanen, Filmen, in der Zeitung. Die tägliche Konfrontation mit dem Sterben erfolgt allerdings in der Regel distanziert (der Sterbende ist persönlich nicht bekannt) und vor allem dosiert (punktuell zusammengezogen auf eine Notiz in der Zeitung, einen Schuss im Film, letzte Worte in dem Theaterstück), weil die Gesellschaft eine zu intensive emotionale Beteiligung ihrer Mitglieder an diesem Thema fürchtet. Ein so vorgeführtes Sterben lässt die eigene Vorstellung vom Sterben eher kalt.

Schwieriger wird die Antwort auf diese Frage, wenn in der unmittelbaren Umgebung gestorben wird und Sie beim Sterben dabei sind bzw. die oder den Sterbenden beim Sterben begleiten, denn dann sind Sie plötzlich mit einer Sie emotional anrührenden Vorstellung vom Sterben konfrontiert. Kritisch wird schließlich die Frage „Können Sie sich Ihr eigenes Sterben vorstellen, Ihre letzten

Wochen, Tage oder Stunden?". Da werden die meisten Menschen mit der Antwort zögern. Denn die Vorstellung des eigenen Sterbens ist nun damit belastet, dass Sie weder den Zeitpunkt noch den Ort oder die Art und Weise Ihres Sterbens kennen. Ihre Vorstellungen müssen sich notgedrungen auf das beziehen, was Sie bisher zum Thema Sterben gesehen haben, also Film- und Opernszenen, Berichte in der Zeitung, vielleicht einige eigene Beobachtungen. Dabei ist Ihnen klar, dass Ihr Sterben ganz anders ablaufen kann und vermutlich auch ganz anders ablaufen wird. Sich das eigene Sterben vorzustellen hat bei dieser Unsicherheit etwas ausgesprochen Selbstmanipulatives. Sie könnten sich ein friedliches Einschlafen im Kreis Ihrer Familie vorstellen, aber auch ein qualvolles Sterben nach einem Absturz in den Bergen oder einem Zusammenbruch in einer fremden Stadt, wo die Passanten achtlos an Ihnen vorübergehen. Sie sehen, wie die Vorstellungen des eigenen Sterbens ganz von Ihnen und Ihrer momentanen Einstellung abhängen. Die Vorstellungen des eigenen Sterbens sind beliebig und insofern ungeeignet, Ihnen einen festen Grund zur Bewältigung von Angst vor Sterben und Tod zu geben. Sie sollten im Gegenteil strikt vermeiden, sich Ihr eigenes Sterben vorzustellen, weil die von Ihrer momentanen Einstellung und Verfassung abhängigen Vorstellungen stark wechseln können und damit geeignet sind, Ihre Angst vor Sterben und Tod eher aufzuschaukeln als zu beruhigen. Allenfalls bei ganz stabilen äußeren Verhältnissen mit genau geregelten Sterbeabläufen, wie zum Beispiel in einem Kloster, sollte man Vorstellungen des eigenen Sterbens zulassen. Aber selbst unter diesen Verhältnissen sind solche Vorstellungen problematisch.

Zusammenfassung

Unsere Überlegungen haben gezeigt, dass es Wissen, Vorstellung und Erfahrung des eigenen Todes und das heißt des eigenen Nicht-Mehr-Seins nicht gibt, weil Wissen, Vorstellung und Erfahrung an das Leben gebunden sind und deshalb der eigene Tod prinzipiell nicht Gegenstand von Erfahrung, Vorstellung und Wissen werden kann. Unser Wissen vom Tod und alle Vorstellungen und Erfahrungen, die wir dazu haben, beziehen sich nur auf den Tod der anderen Menschen.

Ein Wissen des eigenen Sterbens gibt es nur allgemein (dass ich sterben muss), denn dass ich jetzt wirklich sterbe (und nicht etwa nur schwer krank bin) kann ich nicht wissen; es ist gewiss erst, wenn ich gestorben bin, mithin weiß ich es nie gewiss, allenfalls mit einer gewissen Wahrscheinlichkeit.

Das eigene Sterben ist vorstellbar, derartige Vorstellungen aber sind nicht hilfreich zur Bewältigung von Angst, da sie beliebig sind und autosuggestiven Charakter haben. Ich kann mir ausmalen, dass ich friedlich entschlafe oder qualvoll verende, das hängt davon ab, was ich will. Wie ich dann aber wirklich sterbe, weiß ich erst, wenn ich sterbe, und auch das weiß ich nie gewiss.

Was von allen untersuchten Möglichkeiten bleibt, um zu einer von uns angestrebten angstfreien Haltung zum Sterben und zum Tod zu kommen, ist lediglich die uns mögliche Erfahrung des Sterbens. Der Prozess oder auch Vorgang des eigenen Sterbens ist erfahrbar in jeder Krankheit, jedem Verlust von eigenen Fähigkeiten und jeder Niederlage in unserem Leben. Denn wir verstehen alles Leben als Sterben, das sich in Krankheit, Verlust eigener Fähigkeiten und in jeder Niederlage nur intensiviert und sehen das übliche Sterben nur als einen zeitlich beschleunigten Prozess. Sterben ist in unserem Verständnis ein Prozess, der spätestens mit der Geburt beginnt und uns unser gesamtes Leben begleitet. Es ist ein stetiger Prozess des Absterbens und Vergehens, anfangs unmerklich ablaufend, später beschleunigt. Lediglich aus praktischen Gründen übernehmen wir den üblichen Sprachgebrauch mit der Verwendung des Wortes „Sterben" als Bezeichnung für den letzten und dann beschleunigten und zeitlichen überschaubaren Ablauf dieses Prozesses. Dabei ist auch darauf hinzuweisen, dass Sterben ein Prozess ist, der im Körper des Menschen selbst liegt. Von einem zum Tode Verurteilten, der in einigen Stunden hingerichtet wird, würde man nicht sagen, dass er stirbt, auch wenn ziemlich sicher ist, dass er in einigen Stunden tot ist.

Sterben in diesem Sinne können wir immer und überall erfahren. Bei der Betrachtung des Vergehens in der Natur sind die Erfahrungen sehr distanziert. Die Distanz verringert sich, wenn Sie andere Menschen beobachten, wie sie altern und damit fortlaufend vergehen oder wenn Sie liebe Menschen Ihrer Umgebung beim Sterben begleiten. Von wesentlicher Relevanz für Ihr weiteres Leben ist aber die Erfahrung des eigenen Alterns und eigener schwerer Krankheiten, wenn Sie dadurch zu der Erkenntnis kommen, dass Ihr Leben letztlich nicht mehr ist als ein fortschreitendes Absterben und Vergehen in Richtung auf den Tod. Denn dann erwarteten Sie sich vom Leben nichts mehr und hätten durch den Tod auch nichts zu verlieren. Allerdings kämen Sie so zu einer Haltung, die die Gesellschaft sehr kritisch sieht. Was wäre denn von Menschen zu halten, die sich in dieser Weise Gedanken machen? Sie wären möglicherweise für ihr Handwerk nicht mehr zu gebrauchen und könnten für die Gesellschaft zu einem Problem werden. Denn wer sein Leben als einen fortschreitenden Prozess des Absterbens erfährt und diese Erfahrung verinnerlicht hat, bekommt eine kritische Einstellung zu dem, was überhaupt wünschenswert ist. Und Wünsche sind nun einmal der Motor, der die Gesellschaft antreibt.

Diese Überlegungen zu Erfahrung, Vorstellung und Wissen von Sterben und Tod geben uns die ersten Hinweise darauf, wie gegebenenfalls die Angst vor Sterben und Tod zu überwinden ist. Angst macht das Unbekannte, das „unerforschte Land, von dessen Grenzen kein Wanderer wiederkehrt". Wenn es gelingt, Sterben bereits im Leben zu erfahren, dann wird Sterben etwas, das wir kennen. Dann haben wir die Chance, die Angst zu überwinden. Der einzig mögliche Weg dahin ist für uns also eine Erfahrung von Sterben noch im Leben. Natürlich ist dies ein schwieriger Weg mit vielen Fallstricken (so ein Fallstrick ist zum Beispiel der Ratschlag, einfach gut zu leben und sich nicht um den Tod zu bekümmern, der ohnehin kommt), es ist aber der einzig erkennbare Weg aus einer Angst, die ihre Wurzeln in dem uns ansonsten unzugänglichen Bereich des Todes und des Nicht-Mehr-Seins hat.

Dieser Weg ist auch deshalb zu empfehlen, weil es der einzige Weg ist, zu dem wir uns frei entscheiden können. Denn zum Leben haben wir uns jedenfalls nicht entschieden. Das mussten wir antreten. Und zu sagen, wie es einige tun, jeder neu gelebte Tag sei eine immer wieder erneuerte Entscheidung für das Leben, wäre nur dann richtig, wenn diese Menschen sicher sagen könnten, dass sie nicht die Angst vor dem Tod im Leben hielte. Die Entscheidung für das Leben kann eigentlich erst treffen, wer die Angst vor dem Tod überwunden hat. Die christlichen Kirchen haben das in aller Deutlichkeit begriffen.

Wer „einfach lebt", also seine Situation im Hinblick auf Sterben und Tod nicht reflektiert, hat keine Chance, seine Angst vor Sterben und Tod zu überwinden, wenn sie ihn irgendwann dann doch einholt. Er kann – in seinem Verständnis – Glück haben und gar nicht bemerken, dass er stirbt. Aber das ist selten. Darauf sollte man seine Planungen besser nicht aufbauen. Wer allerdings seine Situation, so wie oben beschrieben, reflektiert, kann nicht weiter „einfach leben". Denn zur Überwindung der Angst muss er Sterben erfahren (im Leben) und dann auch Sterben lernen. Aber das kann nur, wer das Leben nicht mehr liebt. Das Leben nicht mehr zu lieben, verändert dann das Leben, das weiter gelebt wird. Die Entscheidung für ein solches Leben (das ohne Angst vor dem Tod gelebt werden will) wäre also eine Entscheidung für ein Leben, dem am Leben nichts mehr liegt – ein Widerspruch. Und dann könnte der Mensch doch eigentlich gleich auf das Leben verzichten. Was er nicht tut, weil er ein gläubiger Mensch ist oder weil er die Hoffnung hat, dass der Widerspruch auflösbar ist, etwa derart, dass man das Leben wollen kann, auch ohne dass man es liebt.

Warum Angst vor Sterben und Tod?

Alle Menschen haben (von wenigen Ausnahmen abgesehen) Angst vor Sterben und Tod, weil sie Angst vor dem Verlust des Lebens haben. Diese Feststellung ist unbestreitbar. Diese Angst prägt ihr Denken und Handeln sowie ihre künstlerischen Produktionen. Die Spannung in Filmen oder in Oper und Theater steigt, wenn das Leben der Heldin oder des Helden gefährdet ist, in Kriminalromanen wird der Tod eines Menschen aufgeklärt. Jeder will möglichst sicher reisen. In jedem Land wird alles unternommen, um das Leben der Menschen zu schützen, geschieht dies nicht, sehen wir darin ein schwerwiegendes Versagen der Behörden. Alle Verkehrswege (Straßen etc.) sowie alle Verkehrsmittel (Autos etc.) werden so angelegt und gestaltet, dass das Leben der Menschen möglichst wenig gefährdet ist. Es ist geradezu ein Zeichen entwickelter Zivilisation, dass sie die Angst vor Sterben und Tod (also die Angst vor Verlust des Lebens) selbstverständlich zur Grundlage ihrer Planungen macht.

Nun gibt es immer wieder einzelne Menschen, die ohne Angst vor Sterben und Tod sind und die auch dann keine Angst haben, wenn sie schließlich definitiv sterben. Das schließt allerdings nicht aus, dass die Angst vor Sterben und Tod allen Menschen mitgegeben ist. Denn es könnte durchaus sein, dass das Verhalten der Menschen gegenüber Sterben und Tod einer Art Normalverteilung entspricht, bei der die Menschen Angst unterschiedlicher Ausprägung haben, die bei einigen wenigen sehr ausgeprägt und bei einigen wenigen fast nicht vorhanden oder für einen Außenstehenden nicht erkennbar ist. Denkbar wäre aber auch, dass es einzelne Menschen geschafft haben könnten, diese Angst zu überwinden. Es wäre nicht nur interessant, sondern für die Menschen insgesamt wichtig zu wissen, wie Einzelne die Angst überwunden haben, falls sie die Angst überwunden haben und es sich nicht doch nur um Variationen im Rahmen einer Normalverteilung handelt.

Wenn wir nun die möglichen Gründe für die Angst vor Sterben und Tod durchgehen, kommen wir zu der Feststellung, dass die Angst zum einen durch Gründe erklärt ist, die mehr oder weniger für alle Menschen zutreffen, unabhängig von Persönlichkeitseigentümlichkeiten (allgemeine Gründe). Sodann kommen zur Erklärung dieser Angst aber auch Gründe in Betracht, für die Persönlichkeitseigentümlichkeiten der Betroffenen von Bedeutung sind (individuelle Gründe).

Allgemeine Gründe

Die Todesangst ist eine Urangst

Zu überlegen wäre, ob die Todesangst dem Menschen nicht sozusagen mitgegeben ist. Damit ist natürlich nicht die elementare Angst bei akuter Todesgefahr gemeint, die reflexartig auftritt. Gemeint ist die Angst, die den Menschen seit den ersten Anfängen eigenen selbstständigen Denkens begleitet. Wer ein Mensch ist und denken kann, hat Angst vor dem Tod, weil sein Denken ihn zu der Erkenntnis führt, dass er mit dem zwangsläufigen Verlust seines Lebens alles verliert, was er ist (und das ist letztlich auch alles, was er hat). Wer stirbt, verliert nicht irgendein Körperglied oder irgendeine Fähigkeit, er verliert vielmehr unwiederbringlich die Grundlage für den Gebrauch der Glieder und die Ausübung von Fähigkeiten, wie wahrzunehmen (zu sehen, zu hören usw.), zu denken, zu hoffen und zu leiden und zielgerichtet und planvoll zu handeln. Erst diese Fähigkeiten machen ein Lebewesen zu einem menschlichen Lebewesen. Ihr Verlust ist insofern der ultimative Verlust, demgegenüber jeder andere Verlust unbedeutend ist. Denn im Tod wird all das verloren, was einen Menschen erst konstituiert. Der Tod löscht aus, er konfrontiert den Menschen mit dem Nichts, von dem es keine Vorstellung geben kann. Die Angst vor dem Tod ist die Angst des Menschen, sich selbst zu verlieren.

Diese Angst treibt die Menschen an, die vorsorgen und immer weiter darüber nachdenken, wie sie dies immer besser tun können.

Weil sie das Ziel haben, weiterzuleben. Sie kämpfen um ihr Leben, auch wenn dieser Kampf in der modernen Gesellschaft oft nur schwer erkennbar ist.

Bei diesem Kampf um ihr Leben, den alle Menschen (und natürlich auch alle anderen Lebewesen) führen, könnte man auf den Gedanken kommen, dass es gar nicht um das einzelne Leben geht, sondern darum, dass sich das Leben als solches behauptet. Die Angst vor dem Tod wäre dann das Mittel, mit dem die Menschen ausgestattet wurden, weil sich das Leben behaupten will. Die Angst wäre mit einem Motor vergleichbar, der uns antreibt, weil wir die Vehikel sind, derer sich das Leben (um es einmal personifiziert zu denken) bedient, um von irgendwoher nach irgendwohin zu fahren. Das Leben bedient sich unser. Jeder neue Mensch wird vom Leben mit einem derartigen Motor (der Todesangst) ausgestattet, damit er läuft und das Leben weitertransportiert. Sind die Vehikel (also der Mensch) schließlich kaputt, steigt das Leben einfach in ein anderes Vehikel um, die Vehikel sind austauschbar.

Dieses Bild können Sie weiter ausspinnen: Wenn uns (den Menschen) das Leben die Angst vor dem Tod sozusagen eingepflanzt hat, weil es sich behaupten will und die Todesangst als Motor braucht, um sich gegen den Tod zu behaupten, dann sind wir nichts als Material, das für eine bestimmte Zeit einen Zweck erfüllt.

Was für Ziele Sie sich in diesem Ihrem Leben auch setzten, Sie blieben doch in diesem Prinzip gefangen, nämlich mit Ihrem individuellen Leben als einer Art Vehikel das Leben (allgemein) weiterzutragen. Sie könnten Revolutionär werden und die Verhältnisse in der Welt auf den Kopf stellen. Die Angst vor dem Tod bliebe Ihnen, die sich das Leben nicht wegnehmen lässt, weil es diese Angst für seine Zwecke braucht.

Sie können die Spekulation noch auf die Spitze treiben: Wenn es Ziel des Lebens ist, den Tod zu besiegen, dann muss es alle toten Dinge zu lebenden Dingen machen. Das Leben erreicht das dadurch, dass alles Lebendige aus der ihm eingegebenen Angst vor dem Tod immer um sein Leben kämpft und aufgrund der ihm innewohnenden Lebenskraft sein Leben immer wieder weitergibt. Der Tod kommt zwar immer, aber immer zu spät, um das Leben endgültig zu besiegen, das andererseits aber auch nicht endgültig siegen kann. Mit jeder Weitergabe von Leben wird also die Angst vor dem Tod weitergegeben. Mit jeder Zeugung eines Kindes geben wir Leben und gleichzeitig Angst vor Sterben und Tod weiter. Die Angst vor dem Tod ist eine Angst, die wir haben, weil wir Menschen sind. Es gibt, so verstanden, vor ihr keine Rettung. Wir sind dieser Angst ausgeliefert.

Im Sterben stehen wir der Unendlichkeit gegenüber

Wenn mit dem Tod Ihr Leben beendet ist, dann ist es für immer beendet, es sei denn, Sie glauben an die Auferstehung von den Toten. Ihr Leben ist „endlich", weil es ein Ende hat (mit dem Tod). Tot sind Sie dagegen „unendlich" lange, eben für immer. Von allen Dingen, denen Sie in Ihrem Leben begegnen, stellen Sie fest, dass diese Dinge „endlich" sind. Das gilt insbesondere auch vom Menschen. Und natürlich von Ihnen selbst. Was heißt eigentlich „endlich" und vor allem auch „unendlich"? Diesen Begriffen nähern wir uns auf Wegen, die die Struktur unseres Denkens vorgibt. Alle Dinge, denen wir begegnen, waren zu irgendeinem Zeitpunkt nicht, sind jetzt und werden irgendwann einmal nicht mehr sein („endlich"). Diese endlichen Dinge müssen in Raum und Zeit bestimmbar sein. Sie müssen also zum Beispiel eine Begrenzung oder auch nur ein Koordinatensystem haben, mit dem sie bestimmt werden. Alles das sind Feststellungen, die das endliche Ding in irgendeiner Weise beschränken.

Wenn wir nun vom Endlichen alles Beschränkende (mit dem das Endliche beschrieben werden muss, also zum Beispiel Begrenzung oder auch nur Bestimmung in einem Koordinatensystem) wegnehmen, kommen wir von der Endlichkeit zur Unendlichkeit. Oder ganz allgemein gefasst: Zum Gedanken des Unendlichen komme ich durch Negation aller Endlichkeiten. Nehmen Sie als

Beispiel den Menschen, reduziert auf die wesentlichen Ereignisse. Er wird geboren, lebt (und macht dabei Veränderungen durch) und stirbt. Das ist die Wirklichkeit des Menschen. Das alles (und alles, was sonst noch den Menschen ausmacht) sollen Sie verneinen. Wenn Sie das alles verneinen, kommen Sie zu etwas, das nicht geboren wird, keine Veränderungen durchmacht und nicht stirbt und damit kein Mensch mehr ist. Dieses Etwas ist auch nicht mehr beschreibbar und damit nicht mehr bestimmbar und erfahrbar, denn dann wäre es wieder endlich. Dieses Etwas kann also kein Ding sein, es ist ein Prinzip: Unendlichkeit als Negation alles Endlichen. Das aber ist der Tod, denn er negiert alles Endliche. Unendlichkeit ist also das Prinzip des Todes. In jedem einzelnen Sterben ist dieses Prinzip wirksam, Sie sind für immer tot. Todesangst ist insofern auch Angst vor der Unerbittlichkeit unseres Denkens, das in jedem einzelnen Sterben das Wirken eines Todesprinzips erkennt, das alles Endliche in Unendlichkeit überführen und damit auslöschen will.

Nun ist Unendlichkeit und damit das Prinzip des Todes (Negation von Endlichem) eines der Attribute Gottes. Diesem vom menschlichen Verstand gegebenen Attribut Gottes steht ein anderes Attribut Gottes gegenüber, das das menschliche Wünschen und Wollen gegeben hat. Gott ist auch allmächtig und hebt mit einem Lebensprinzip das Prinzip des Todes (die Negation von Endlichem) immer wieder auf. Der vom Verstand gegebenen Angst vor einem unerbittlichen Todesprinzip (das alles Endliche negiert) setzen wir also eine Hoffnung entgegen (Lebensprinzip), um dann in einem übergeordneten Prinzip die Trennung in Todes- und Lebensprinzip wieder aufzuheben. Dieses übergeordnete Prinzip ist Gott, der in dieser Funktion sicherstellt, dass nach Tod Leben und nach Leben Tod folgt.

In dem Prinzip Gott könnten wir also hoffen. Allerdings wird uns sehr schnell klar, dass dieser Kreislauf von Leben zu Tod und umgekehrt nur vorstellbar ist, wenn alle Individualität getilgt ist. Denn Individuen sind wir gerade deshalb, weil wir aus dem großen Strom des Ununterscheidbaren herausgenommen wurden. Darauf sind wir stolz, bezahlen für die Unterscheidbarkeit (also unsere Individualität) aber auch einen Preis, der darin besteht, dass wir sterben müssen. Wären wir nie unterscheidbar geworden (also zu einen ganz speziellen Individuum), dann müssten wir nicht sterben, hätten dann aber auch nicht unser Leben gelebt, das wir nur leben konnten, weil wir unterscheidbar (also Individuen) wurden. In dem großen Kreislauf von Leben zu Tod und umgekehrt geht es also nicht um uns. Damit gibt es aus dem Prinzip Gott keine Hoffnung auf ein Weiterleben als Individuum.

Im Sterben verlieren wir unsere Freiheit

Seine Freiheit erhebt den Menschen über die Dinge der Welt. Hier soll nicht auf Fragen wie „Was ist Freiheit?" oder „Wer ist frei?" oder gar auf Freiheitstheorien eingegangen werden. Entscheidend ist für unsere Fragestellung vielmehr, dass sich der Mensch als frei verstehen will.

Der Mensch kann sich nicht gegen Sterben und Tod entscheiden. Er muss diesen Übergang vom Leben in den Tod vollziehen, ob er will oder nicht. Er wehrt sich natürlich, sein Widerstand wird aber gewaltsam gebrochen, indem der Körper zerstört wird – durch Krankheiten, Unfälle oder einen fortschreitenden Verfall. Diese elementare Überwältigung führt den Menschen zu einer Erkenntnis seiner Natur. Er ist einmal als ein körperliches Wesen in Naturnotwendigkeiten gestellt, denen nicht zu entkommen ist. Dieser seiner körperlichen Natur (die der Mensch hat) stellt der Mensch aber immer wieder seine Freiheit gegenüber (die er will). Er will sie, weil sie seinen Wert begründet als etwas, das über die Natur hinausgeht. Sie ist das, was ihn weitertreibt.

Dieses Verständnis seiner selbst gibt dem Menschen auch eine besondere Würde. Sich als unfrei verstehen zu müssen, wäre für den Menschen dagegen eine tiefe Kränkung. Frei zu sein erhebt den Menschen über die Natur. Sterben und Tod werfen ihn wieder dorthin zurück. Der Tod ist insofern der äußerste Widerspruch zur

Freiheit und damit eine Entwertung, die Angst macht. Dem toten Körper kommt keine Freiheit mehr zu.

Welche Möglichkeiten bleiben Ihnen? Sie haben zwar nicht die Freiheit, das zu einem späteren Zeitpunkt eintretende Ereignis (Sterben und Tod) nicht geschehen zu lassen. Sie haben aber bis zum Eintritt des Todes jederzeit die Freiheit, dieses auf Sie zukommende Ereignis immer wieder anders zu verstehen. Wenn Sie zu einem Verstehen von Sterben und Tod kommen könnten, das diese Verbindung (sich ins Sterben ergeben müssen, ohne es zu wollen) zerreißt, hätten Sie die Chance, die Angst zu überwinden. Das setzte voraus, dass Sie sich selbst und Ihr Sterben als Teil eines großen Ganzen und das große Ganze als notwendig und gut verstehen. Dann wäre der Zwang überwunden und Sie hätten die Freiheit, dem notwendigen Sterben zuzustimmen und wären insofern im Sterben frei. Und könnten so die angstmachende Subjektivierung des Todes überwinden. Das aber setzte eine so radikale Abwendung von dem Verständnis voraus, das der moderne Mensch von sich als einzigartigem Individuum hat, dass dazu kaum jemand fähig sein dürfte.

Individuelle Gründe

Darüber hinaus sind die Gedanken an Sterben und Tod bei vielen Menschen aus ganz persönlichen Gründen angstbesetzt. Um das herauszufinden, müssen Sie sich darüber klar werden, was Sterben und Tod für Sie persönlich bedeutet. Ich habe solche möglichen individuellen Gründe für die Angst vor Sterben und Tod sowie Argumente für die Bewertung der Gründe beispielhaft aufgeführt. Sie sollten sich intensiv bemühen, weitere Gründe zu finden und diese Gründe dann selbst zu bewerten.

Der Tod verkürzt das Leben

Wir wollen ein langes Leben. Viele Menschen sind der Auffassung, dass es entscheidend auf die Dauer des Lebens ankommt. Die Angst vor dem Tod ist dann Angst davor, dass der Tod das

Leben verkürzt. Wäre es nur lang genug, machte der Tod keine Angst. Aber dieser Einwand kann nicht überzeugen. Denn wie lange sollte das Leben denn dauern? Und von wenigen Ausnahmen abgesehen, ist für die Menschen die Dauer ihres Lebens (wie lang es auch ist) immer zu kurz.

Es gibt deshalb einen ständigen Kampf um Lebenszeit, den die Medizin führt und den sie weiter intensivieren wird. Dabei gibt es begrenzte Erfolge insofern, als die durchschnittliche Lebenszeit der Menschen seit Jahrhunderten steigt. Allerdings mit paradoxen Ergebnissen. Die dabei gewonnene Lebenszeit führt zu Individuen, die mit schweren degenerativen Leiden ihres Bewegungsapparates behaftet sind, einfach weil dieser Bewegungsapparat sich weiter verschleißt, wenn die Lebenszeit verlängert wird. Und viele dieser dann sehr alten Individuen werden dement sein. Damit ist der Umschlag jetzt schon abzusehen. Denn die Verlängerung der Lebenszeit reduziert zwar die Angst (vor dem Tod als Verkürzer der Lebenszeit), führt aber durch verstärktes Auftreten altersbedingter Leiden und Gebrechen wiederum zu Angst. Dem wird die Medizin wieder begegnen wollen mit dem Ziel, Lebenszeit ohne Reduktion der Lebensqualität zu verlängern. Und dabei können die Erfolge der Medizin doch aus prinzipiellen Gründen nie so sein, dass die Angst vor dem Tod als Begrenzer der Lebenszeit jemals entfallen könnte, denn dann wäre der Mensch unsterblich und damit kein Mensch mehr.

Der Tod ist ein Unglück

Unser Leben ist eine Suche nach Glück. Wenn wir ein glückliches Leben wollen, dann wollen wir etwas, das gut für uns ist. Nun könnte man darüber streiten, ob ein glückliches Leben gut für uns ist. Aber selbst moralische Instanzen wie die Kirchen, die kein Problem damit haben, auch ein unglückliches Leben als gut für uns zu bezeichnen, tun das im Hinblick darauf, dass auch das unglückliche Leben (sofern es im Einklang mit den Geboten Gottes geführt wird) irgendwann einmal gut für uns ist und Glücklichsein zur

Folge hat, und zwar in einem jenseitigen Leben. Insofern ist der Schluss vertretbar, dass Glück oder auch schon die Suche nach dem Glück für uns gut ist.

Aber wie kommen wir zu Glück? Üblicherweise gehen die Menschen davon aus, dass sie sich ihr Glück erarbeiten müssen oder es ihnen zufällt. Wer länger darüber nachdenkt, der wird feststellen, dass in beiden Fällen (das Glück wird erarbeitet oder fällt einem zu) immer andere Menschen entscheidend sind, es also auf die menschliche Gesellschaft ankommt. Losgelöst von anderen gibt es kein Glück.

Wenn Sie hellsichtig sind, werden Sie feststellen, dass alles, was Ihnen in dieser Gesellschaft entgegentritt oder auch in früheren Gesellschaften entgegentrat, mit dem unausgesprochenen Versprechen auftritt, Sie dauerhaft glücklich zu machen. Was genau Glück ist, braucht hier nicht geklärt zu werden. Es ist jedenfalls ein Zustand von Glücklichsein, dessen Erscheinungsbild und dessen Bedingungen im Einzelnen offenbleiben können. Eingelöst wird das Versprechen nie. Was heute als Glücksbringer angeboten wird und Sie heute glücklich macht, ist morgen für Ihr Glück belanglos. Alles (und vor allem Sie selbst) ist in stetiger Veränderung begriffen, sodass sich auch die Bedingungen für Glücklichsein stetig ändern. Die Gesellschaft wird das Ihnen gegenüber nie eingestehen, denn die ständige Suche ihrer Mitglieder nach Glück ist Bedingung für Bestand und Gedeihen der Gesellschaft. Wenn Sie enttäuscht einen Glücksbringer beiseitelegen, wird Ihnen ein neuer angeboten, zum Beispiel in Form eines beruflichen oder sozialen Erfolges, eines neuen technischen Gerätes, oft aber auch verpackt in Form einer exotischen Reise oder einer anspruchsvollen Aus- und Weiterbildung mit dem Ziel, zu Selbsterkenntnis und Persönlichkeitsbildung zu gelangen.

Und zu jedem Glück gehört Dauer. Ein Glück, das zeitlich begrenzt ist, ist eben kein richtiges Glück. Alle diese wechselnden Glücksbringer sind denn auch mit dem unauslöschlichen Makel behaftet, dass sie nur ein vorläufiges Glück bringen, wenn man dabei überhaupt von einem Glück sprechen will. Denn zu einem Glücksversprechen gehört notwendig auch das Versprechen von Dauer. Was sollten Sie mit einem Glück anfangen, von dem von Anfang an feststeht, dass es auf einen Tag begrenzt ist. Und was dann? Da die Verhältnisse ständig wechseln, könnte man zweifeln, ob es Glück als einen Zustand dauerhaften Glücklichseins überhaupt geben kann. Weil aber das Streben nach Glück für die Gesellschaft unerlässlich ist, muss es zumindest die Illusion geben, dass dauerhaftes Glücklichsein möglich ist. Jede Karriere und jede Heirat basiert auf dieser Annahme.

Es ist nun geradezu Voraussetzung für das Funktionieren einer Gesellschaft, dass Sie hier mitspielen, also berufliche und soziale Erfolge anstreben, sich über neue technische Geräte freuen, sich weiterbilden und auch heiraten. Wer mitspielt (und das sind fast alle), verbringt sein ganzes Leben damit, den Glücksversprechungen in der Hoffnung hinterherzulaufen, doch einmal dauerhaftes Glück zu erreichen, ohne zu bemerken, dass er an der Nase herumgeführt wird. Den Hellsichtigen werden aber irgendwann Zweifel kommen. Und sie werden ihre Vorkehrungen treffen, um nicht überrascht zu werden, wenn endgültig klar wird, dass es Glück als einen dauerhaften Zustand nicht gibt.

Nun könnten Sie natürlich sagen, dass es Ihnen nur auf den Augenblick ankommt und immer nur auf den Augenblick. Erweist sich ein Glücksversprechen als nicht mehr tauglich, ergreifen Sie ein neues. Wenn Sie diese Haltung wirklich durchhalten, wäre das vielleicht eine Lösung. Sie freuen sich über das neue iPhone, warten auf die bald stattfindende neue Reise, die anschließende Feier, ein Fest im Herbst, ein Sportereignis im Frühjahr. Sie hangeln sich sozusagen durchs Leben. Das ist allerdings ein recht unsicheres Verfahren, bei dem Sie allenfalls ein sehr labiles Glück erreichen, das immer gefährdet ist.

Hinter jedem Glücksversprechen steht also die Vorläufigkeit wie eine stille Drohung. Denn da wir Glück nur von anderen Menschen oder über andere Menschen empfangen, sind wir in unserem Glück prinzipiell durch Sterben und Tod bedroht, auch wenn alle Anstrengungen unternommen werden, den Tod aus dem Leben der Gesellschaft zu verbannen. Der Tod macht uns Angst, weil er unser Glück bedroht, da er jederzeit geliebte Menschen von uns nehmen kann.

Sterben in Schmerzen und Qualen

Wenn Sie Menschen befragen, ob und gegebenenfalls warum sie Angst vor dem Sterben haben, werden Sie oft zur Antwort bekommen, dass sie Angst vor Qualen und Schmerzen haben. In der Vorstellung der Menschen sind Sterben und Tod häufig mit einem qualvollen Kampf assoziiert, der immer verloren wird. So lesen Sie Todesanzeigen, in denen es häufig heißt, dass ein langer Kampf vergeblich war. Oder es wurde ein langes Leiden klaglos ertragen. Warum wird uns Sterben und Tod immer in dieser Weise vorgestellt?

Die einfachste Erklärung ist die naheliegende. Niemand (von einigen Ausnahmen abgesehen) will sterben, aber jeder muss sterben. Deshalb haben die meisten Menschen die Vorstellung, dass Sterben und Tod erzwungen werden. Wenn die Menschen sich so als Objekt eines Zwanges erleben, sind sie geradezu gedrängt zu fragen, wer den Zwang ausübt. Der Zwang wird personalisiert. Denn nur so bekommen sie das eigentlich Unvorstellbare (nicht mehr zu sein) in ihre Vorstellungswelt. Da meist kein Mensch oder keine menschliche Institution als Verursacher des Zwangs greifbar ist (von Tötungsdelikten und Hinrichtungen abgesehen), klagen die Menschen zu der letzten und immer verfügbaren Instanz: „Oh Gott, warum lässt Du mich sterben? Warum muss ich sterben?" Seine Entscheidung ist unergründbar, sie ist auch unumstößlich, wenngleich es nach dem Zeugnis der Kirche immer wieder Menschen gibt, die vom Tode auferstehen, was dann die Allmacht der Instanz erweist.

Der Zwang wird ausgeübt durch Mittel, die zum Erreichen des Ziels geeignet sind. Wenn das Ziel das Totsein des Menschen und der Weg dorthin das Sterben ist, sind die Mittel vorgegeben. Der Körper, der die Grundlage des Lebens ist, muss zerstört werden. Das kann schnell und schlagartig geschehen oder durch ein fortschreitendes Absterben. Das aber heißt dann, dass fortschreitend Funktionen des Körpers verloren gehen. Sie sehen und hören schlechter, bekommen schon bei kleinen Anstrengungen keine Luft mehr, jeder Schritt schmerzt, weil alle Gelenke verschleißen, das Gedächtnis lässt nach. Nun hat jedes Leben eine ihm innewohnende Tendenz, sich selbst zu bewahren. Leben reproduziert sich, überwindet Schwierigkeiten, warnt und weist auf den langsam auf Sie zukommenden Verfall hin. Diese Warnung erfolgt über Schmerzen, die man so verstehen könnte: „Du hast diesen langen, krampfartigen Schmerz in der Brust, dein Herz wird bald versagen. Übelkeit und Bauchschmerzen machen dir jede Nahrungsaufnahme zur Qual, du wirst verhungern."

Die Menschen wehren sich gegen diesen Zwang und mobilisieren dazu ihren Verstand und alle ihre Kräfte. Alle ihre Wissenschaften werden diesem Ziel untergeordnet und deren Erkenntnisse fließen in ärztliche Behandlungen, in denen die Menschen ihre Abwehrmaßnahmen gegen den Zwang zusammenfassen. Damit sind sie in Grenzen erfolgreich insofern, als sie immer wieder und oft über Jahre hinweg einen Aufschub (hinsichtlich Sterben und Tod) erreichen, was von den Ärzten und der Gesellschaft gern als Heilung bezeichnet wird. Die selbstverständliche Erkenntnis, dass aufgeschoben nicht aufgehoben ist, gilt aber weiter. Irgendwann wird der Zwang dann doch ausgeübt.

Nun könnte man sich natürlich fragen, ob Zwang (zum Sterben und zum Tod) unerlässlich ist. Könnte meine freie Einwilligung in Sterben und Tod nicht ausreichen, um mir Zwang und damit gegebenes Leiden zu ersparen? Das wäre denkbar, aber nur unter zwei Voraussetzungen: Es müsste diese Instanz (die Zwang ausübt und ihn mit Zwangsmitteln durchsetzt) auch geben. Mein verzweifelter Ruf: „Oh mein Gott, ich will sterben, nimm mich zu dir" müsste seinen Adressaten finden und von ihm erhört werden. Und ich müsste sterben können, ohne dass mein Körper zerstört wird mit den begleitenden Schmerzen. Das aber ist nach den menschlichen Erkenntnissen nicht möglich. Es wäre ein Wunder erforderlich. Denn nur mit einem zerstörten Körper bin ich gestorben und tot, habe vorher aber die Zerstörung und das damit verbundene Leiden wahrgenommen. Und so sehen wir: Eine aus unserer Freiheit gegebene Einwilligung in Sterben und Tod (um uns das mit der Zerstörung des Körpers auftretende Leiden zu ersparen) ist kein möglicher Weg, um uns Leiden und letztlich dann auch die Angst vor Leiden zu ersparen. Es gibt keinen Adressaten für dieses Begehren und ohne eine Zerstörung unseres Körpers sind wir nicht tot.

Nun ist Leiden ja nur dann Leiden, wenn es ein bewusstes Leiden ist. Danach wäre ein Sterben (das immer eine Zerstörung des Körpers beinhaltet) ohne begleitende Schmerzen allenfalls möglich, wenn die Zerstörung des Körpers so schnell erfolgt, dass ein Bewusstwerden der Zerstörung und des Schmerzes nicht mehr möglich ist. Denkbar wäre so etwas bei Enthauptungen oder bei Erschießungen mit unmittelbarer Zerstörung des Gehirns. Gesicherte Erkenntnisse darüber, ob der so Hingerichtete nicht doch etwas gespürt hat, gibt es aber nicht. Im Übrigen ist hier zu bedenken, dass sich bei dem so zu Tode gekommenen (hingerichteten) Menschen das Leiden in die Zeit vor seiner Hinrichtung verlagert (als Angst vor seiner Hinrichtung). Dieser Fall wäre im Übrigen auch gegeben, wenn Sie sich sozusagen selber hinrichten wollten (Suizid). Es bliebe also für ein Sterben ohne Leiden nur der Fall, dass die Zerstörung des Körpers ohne jegliche Vorankündigung und so schnell erfolgt, dass ein Bewusstwerden der Zerstörung (und damit Leiden) nicht mehr möglich ist. Denkbar wäre das zum Beispiel bei einem plötzlichen Herztod, was aber eher unsicher ist, wenn man die Sekunden zwischen Herzstillstand und Bewusstseinsverlust berücksichtigt. Nur sehr selten setzen die Funktionen des Körpers ohne Vorankündigung einfach aus. Menschen sinken tot um oder schlafen ein und werden einfach nicht mehr wach. Oft sind es alte Menschen. Die Angehörigen sagen dann vielleicht „Die Mutter hatte die Gnade, einschlafen zu dürfen", weil sie die Hoffnung nicht aufgeben können, dass es doch einen Adressaten für ihre Wünsche gibt.

Schließlich wäre noch der Fall zu betrachten, dass das Sterben, also die Zerstörung des Körpers, so langsam erfolgt, dass sich Schmerzen und Leiden deshalb nicht entwickeln, weil sich das Empfinden des Betreffenden an die Zerstörung gewöhnt. Das sind zum Beispiel Fälle einer chronischen Kachexie, wie sie bei chronischen Tumorleiden beobachtet werden können. Sie beobachten, wie ein Mensch immer weniger und immer matter und kraftloser wird, ohne dass über Schmerzen geklagt wird. Oder es wird primär das Gehirn zerstört. Auch dazu sind seltene Fälle chronisch verlaufender Erkrankungen bekannt, wie zum Beispiel bei chronischen Encephalitiden (Hirnentzündungen).

Die Aufstellung lässt erkennen, dass die Fälle von Sterben ohne begleitendes Leiden ausgesprochen selten sind und Sie realistisch nicht erwarten können, so zu sterben. Ihre Angst vor Schmerzen und Leiden im Sterben ist also durchaus berechtigt.

Die Frage ist, ob Sie das wohl unvermeidliche Leiden und die Schmerzen beim Sterben als naturgegeben hinnehmen müssen. Hier gibt es das Versprechen der Schmerztherapie und auch der Palliativmedizin, dass Sie schmerzfrei sterben können. Wir können also hoffen, dass wir beim Sterben keine Schmerzen haben werden, weil palliative Medizin und Schmerzmedizin versprechen, uns von Schmerzen zu befreien. Ob die Medizin das Versprechen mit diesem Anspruch einlösen kann, ist allerdings fraglich. Aber selbst wenn die Medizin das Versprechen einlöst, dann nicht zum Nullta-

rif. Je stärker Ihre Schmerzen, desto eingreifender die Schmerztherapie mit der notwendigen Folge eines Eindämmerns (und einer
dadurch bedingten Einschränkung der Klarheit des Denkens) und
einer Einschränkung wichtiger vegetativer Funktionen wie zum
Beispiel der Atmung. Das hat dann meist auch noch die Folge, dass
sich die verbleibende Lebenszeit verkürzt, die ohne Schmerztherapie länger gewesen wäre (aber eben mit Schmerzen und Leiden).
Sie können versuchen, die Alternativen sozusagen abzuwägen.
Schmerzfrei oder weitgehend schmerzfrei sterben um den Preis
einer Einbuße der Klarheit unseres Denkens und einer möglichen
Verkürzung der Lebenszeit, die wir ohne Schmerztherapie zu erwarten hätten, oder in Klarheit leiden und länger leben. Eine mögliche Verkürzung der restlichen Lebenszeit mögen die meisten
Menschen noch in Kauf nehmen, eine Einschränkung in der Klarheit des Denkens ist dagegen für viele ausgesprochen problematisch. Das ist auch sehr gut nachvollziehbar, weil Beeinträchtigungen im Denken eben doch unser Selbstverständnis als Menschen
beeinträchtigen. Insofern muss wohl differenziert werden. Eine
konsequente Ausschaltung von Schmerzen (mit allen möglichen
Nebenwirkungen) kommt nur fallweise bei schweren, therapiere-
sistenten Schmerzen und nur für ein zeitlich begrenztes Finalstadi-
um in Betracht. Aber selbst in diesem Stadium gibt es durchaus
Menschen, die sich Klarheit bis zum letzten Augenblick bewahren
wollen, auch wenn die Konsequenz Schmerzen und Leiden sind.
Sie werden also irgendwann mit dieser Frage (maximal mögliche
Schmerztherapie mit erheblichen Konsequenzen?) konfrontiert, die
Sie jetzt nicht entscheiden können, da Sie nicht wissen, was auf Sie
zukommt.

Mit diesem durchaus belastbaren Versprechen der Medizin ist
zwar einiges erreicht, die Angst vor Sterben und Tod aber keineswegs gebannt. Denn die Angst kommt völlig unabhängig von
Schmerzen wie im Vorübergehen schon bei den ersten uncharakte-
ristischen Störungen und setzt sich nach der entscheidenden ärztlichen Diagnose fest, sie kann zu ihrem ständigen Begleiter werden.

Gegen sie kann eine Schmerztherapie nichts ausrichten. Wir müssen mit ihr leben und fragen uns, was wir außer dem Versprechen der Schmerztherapie sonst noch gegen sie mobilisieren können.

Wer stirbt, ist nicht mehr dabei

Irgendwie ist jeder Mensch immer dabei, im Krieg und im Frieden, bei Wirtschaftskrisen und bei Hochkonjunktur. Seine Sorgen und seine Handlungen sind für ihn auch deshalb wichtig, weil er – wenn auch nur als einer unter vielen – dabei ist. Im Einzelnen gibt es unendlich viele Beispiele für Dabeisein: die Aufsichtsratsitzung, der Sportverein, die politische Partei, der Stau auf der Autobahn, die Fahrt in der jeden Morgen überfüllten S-Bahn zur Arbeit und die damit zusammenhängenden Klagen, das Konzert, die Schule, die Andacht in der Kirche usw. Über all das wird berichtet in den Gesprächen mit den anderen, die auch dabei sind. Warum, wo und wie einer dabei ist, sagt viel über ihn aus. Auch wie er darüber berichtet, ob er klagt, anklagt oder die Dinge hinnimmt.

Danach wird er eingeschätzt und geschätzt oder nicht geschätzt, all das bestimmt seinen gesellschaftlichen Stellenwert. Der Sterbende ist in Abhängigkeit vom Fortschreiten des Sterbeprozesses immer weniger dabei und hat vor Augen, dass er bald überhaupt nicht mehr dabei sein wird. Zu einer ersten psychischen Veränderung im Sinne einer schlecht beschreibbaren Distanzierung gegenüber seinem bisherigen Leben kommt es bei ihm, aber auch bei seiner Umwelt meist schon dann, wenn die tödliche Diagnose erstmals im Raum steht. Aus der Distanzierung wird ein Bruch, wenn die Diagnose feststeht. Viele Sterbende haben vor dieser Veränderung eine solche Angst, dass sie über Monate und selbst bei offenkundig fortschreitendem Verfall ihren Angehörigen und vor allem auch den Freunden die Diagnose nicht mitteilen. Sie erfinden alles Mögliche, um den Verfall zu erklären. So werden Abmagerungskuren oder psychische Belastung an der Arbeitsstelle vorgeschoben, die für eine Weile den Verfall erklären. Die Umgebung sagt dann vielleicht: „Herr A. sieht schlecht aus. Er hat offensichtlich erhebliche Probleme bei der Arbeit."

Nach einer Weile kann sich der Sterbende nicht mehr verstecken. Zu offenkundig ist der Verfall. Er wird sich Angehörigen oder Freunden offenbaren, die in einer Weise betroffen sind, die der Sterbende so gefürchtet hat. Er hat aber jetzt keine andere Wahl. Er muss zu Behandlungen, wird krankgeschrieben. Er fährt nicht mehr zur Arbeit, weil ihn die Krankheit (an der er sterben wird) geschwächt hat, er liegt im Bett und wartet. Und erlebt ein Gefühl zunehmender Isolierung. Natürlich wird er besucht, Angehörige sitzen am Bett, scheuen sich aber meist, vom Tag zu berichten, da sie der Meinung sind, ihre Sorgen und Hoffnungen könnten den Sterbenden belasten, der doch Ruhe und Schonung braucht. Der Sterbende spielt meist mit, um den Freunden und Angehörigen die Bestürzung und eine beschämende Ohnmacht zu ersparen. Den anderen, die (noch) dabei sind, kann er allenfalls mit einigen Andeutungen von seiner Isolierung berichten, muss aber immer wieder erleben, dass die anderen es nicht aushalten, mit diesem Thema konfrontiert zu werden, einfach deshalb, weil sie sich damit in ihrer eigenen Existenz infrage gestellt sehen.

Der Sterbende erlebt damit eine zunehmende Vernichtung seines Selbstwertgefühls, das doch wesentlich auch gesellschaftlich vermittelt ist, eben dadurch, dass Menschen unter Menschen dabei sind. Tote sind nicht mehr dabei, und Sterbende werden schon in absehbarer Zeit nicht mehr dabei sein. Eben weil die Sterbenden als Sterbende gezeichnet sind, sind sie letztlich auch dann schon nicht mehr dabei, wenn sie doch noch leben. Der Sterbende hat vor Augen, dass er mit dem Tod nichts mehr ist, nur noch Staub, was für die Menschen immer schon unvorstellbar und Quelle tiefster Angst war. Und immer schon versuchten sie, die Angst zu bewältigen. Vor Jahrhunderten schrieb der persische Dichter Omar Khayyam:

„Dem Töpfer sah ich einst im Basar zu,
wie er den Lehm zerstampfte ohne Ruh,

da hörte ich, wie der Lehm ihn leise bat,
nur sachte, Bruder, einst war ich wie du."

Wie wäre nun mit dieser Angst umzugehen? Zunächst einmal
ist die Angst vor dem Nicht-Mehr-Dabeisein eine abstrakte Angst,
denn als Lebender oder meinetwegen auch als Noch-Lebender sind
Sie ja unter den Lebenden dabei. Nur der Gedanke an den Tod und
das damit bedingte Nicht-Mehr-Dabeisein löst diese Angst aus.
Natürlich könnten Sie versuchen, zu einer Einstellungsänderung
zu kommen, etwa derart, dass Dabeisein nichts Erstrebenswertes
ist. Sie könnten sich klarmachen, dass Sie alles schon gesehen und
erlebt haben, dass es etwas wirklich Erstrebenswertes nicht mehr
gibt. Ein solcher Versuch aber ist in der Regel zum Scheitern verur-
teilt. Sie erreichen vielleicht eine gewisse Distanzierung zu den
Interessen der Welt. Es ist aber ein entscheidender Unterschied,
sich nicht mehr wie bisher an den Geschäften der Welt zu beteili-
gen oder überhaupt nicht mehr dabei zu sein. Denn dies ist gegen
die Natur des Menschen, der unter seinesgleichen sein muss, um
ein Mensch zu sein. Eine Einstellungsänderung wäre gar nicht
möglich, ohne das Menschsein aufzugeben. Einige wenige Menschen haben für eine begrenzte Zeit eine solche Einstellungsänderung leben können, das aber nur deshalb, weil in tiefem Glauben
ihre Abwendung (von den Menschen) gleichzeitig auch eine Zu-
wendung (zu Gott) war. Dass sie so ihre Todesangst bezwingen
konnten, ist nachvollziehbar. Für Sie aber dürfte dieser Weg nicht
gangbar sein.

Die Angst verstärkt sich, wenn das Sterben voranschreitet. Denn
im Sterbeprozess kommt es zu einer oft schnell fortschreitenden
Zerstörung des Körpers mit entsprechenden Funktionseinbußen.
Sie können nicht mehr wie früher spazieren gehen, weil die Luft
knapp wird, Sie müssen ständig auf die Toilette und vertragen viele Speisen nicht mehr. Jetzt können Sie schon rein faktisch nicht
mehr wie bisher dabei sein. Dazu kommt, dass der Sterbeprozess
an Ihnen nicht spurlos vorübergeht. Sie verfallen körperlich, auch
der Gesichtsausdruck verändert sich. Sie bekommen vielleicht här-

tere und bittere Züge, die Sie vorher nicht hatten, manchmal von einer bedrückenden Ahnung hinterlegt.

Die Menschen Ihrer Umgebung nehmen diese Veränderungen natürlich wahr, anfangs werden Sie vielleicht noch darauf angesprochen, später erwartet Sie ein mitleidiges Wegschauen oder auch ein etwas gekünsteltes Überspielen. Sie spüren, dass es ganz unmöglich ist, einfach wie bisher weiterzuleben. Ihre Umgebung zeigt Ihnen, dass Ihr Leben und das von Ihnen gewünschte Dabeisein ein Noch-Leben und ein Noch-Dabeisein ist. Es mag Menschen geben, die Ihnen auch als Sterbendem bis zum letzten Atemzug unbefangen begegnen. Aber das wäre ein Geschenk, das es nur sehr selten gibt, manchmal von Menschen, von denen man es gar nicht erwartet hätte. Sie können hoffen, dass sich nach der ersten Erschütterung durch Mitteilung der Diagnose und dem einsetzenden Verfall alle langsam an die Situation gewöhnen. Sie können die Zeit vielleicht etwas verkürzen, wenn Sie die Diagnose sofort und mit aller Deutlichkeit mitteilen. So wie es im öffentlichen Leben zunehmend praktiziert wird, wenn zum Beispiel eine Schauspielerin über die Boulevardpresse erklärt: „Ich habe Brustkrebs" oder ein Politiker seinen Rückzug aus der Politik verkündet, weil die Ehefrau sterbenskrank ist. Ob Sie damit viel gewinnen, ist aber durchaus unsicher.

Der Tod enttäuscht meine Erwartungen

Das Leben besteht aus einer Fülle von persönlichen Erwartungen, mit denen die Menschen ihr Leben strukturieren. Gehen Sie Ihre eigenen Erwartungen durch. Sie können in einzelnen Fällen sehr speziell sein, meist aber sind es Erwartungen, wie sie alle Menschen haben. Sie warten auf das Ergebnis von Prüfungen, auf eine gute Stelle, eine Beförderung, auf den Kauf eines Hauses, die große Liebe, Erfolge der Kinder, die neue Reise oder auch nur etwas Anerkennung.

Erwartungen werden erfüllt oder enttäuscht. Die Erfüllung wird gesucht, meist mit hohem Einsatz. Es wird jahrelang gelernt, um die Prüfung zu bestehen. Es wird gedient in einer Weise, die irgendwann die Beförderung bringt, jahrelang wird gespart, um das Haus zu kaufen, und jahrelang wird gebangt um den Erfolg der Kinder und später der Enkel. Wer so lebt, definiert den Sinn seiner Lebenstätigkeit über erfüllte Erwartungen, wobei es immer neue Erwartungen geben muss und die Erwartungen ja auch nie abreißen dürfen, wenn die Lebenstätigkeit nicht ihren Sinn verlieren soll. Was wäre denn dann ein Leben, in dem nichts mehr erwartet wird?

Tod und Sterben sind jetzt der Riss, der ein solches Erwartungsleben plötzlich beendet. Wenn Sie Ihr Leben auf die Erfüllung von Erwartungen aufbauen, brauchen Sie ein langes Leben als Voraussetzung für die Erfüllung Ihrer Erwartungen. Ein langes Leben ist dann Bedingung für Ihr Wohlergehen. Das mag in einzelnen Fällen gut gehen. In der Regel aber ist damit schon Ihre Enttäuschung begründet. Sie werden im Laufe Ihres Lebens erfahren, dass Sie von Unwägbarkeiten und Unsicherheiten umgeben sind. Die alles entscheidende Unsicherheit aber ist der Tod. Sie fragen sich, welchen Sinn ein solches auf Erwartungen aufgebautes Leben hat, wenn der jederzeit mögliche Tod alle Anstrengungen zunichtemachen kann: Ich habe ein Leben lang gespart und habe jetzt davon nichts mehr. Das Haus werden andere kaufen. Sie machen die schöne Reise, die ich bisher noch nicht gemacht hatte und die ich immer machen wollte. Jahrzehntelang habe ich gedient, und befördert wird jetzt ein anderer, und zwar nur deshalb, weil ich sterbe. Ein lang erwartetes Familienereignis bahnt sich an, das ich verpassen werde.

Erwartungen können Sie ein ganzes Leben lang nicht mehr loslassen. Wenn Sie Sterbende beobachten, können Sie oft feststellen, dass die Erfüllung der Erwartungen noch im Sterben gesucht wird. Der Sterbende unternimmt eine Weltreise, weil er vieles nicht gesehen hat, was er sehen wollte und weil er sich von dem Besuch fremder Länder noch etwas erwartet – was das ist, weiß er meist selbst nicht. Der sterbende Politiker verfasst politische Testamente, von denen er sich die Verwirklichung seiner Ideen erhofft. Aus ebendiesem Grund werden Stiftungen errichtet, um doch noch eine enttäuschte Erwartung zu realisieren. Und manchmal erfolgt der Versuch, dem Tod durch verdoppelte und verzweifelte Anstrengung doch noch zu entkommen, um sich die Erwartungen zu erfüllen.

Wer so sein Leben und sein ganzes Verständnis von sich selbst auf die Erfüllung von Erwartungen aufgebaut hat, die durch Sterben und Tod jederzeit zunichtegemacht werden können, wird in Angst vor Sterben und Tod leben, auf die er keinen Einfluss hat. Wann Sie sterben, ist ungewiss. Wenn Sie das für sich verinnerlicht haben und trotzdem weiterhin Ihr Wohlergehen an die Erfüllung von Erwartungen knüpfen, werden Sie von der Todesangst eingeholt. Dann sollten Sie sofort innehalten und umkehren.

Sie sollten so leben, dass Sie jederzeit sterben können, ohne dass dadurch auch nur eine Erwartung enttäuscht wird. Oder noch besser: Erwarten Sie sich gar nichts vom Leben. Nehmen Sie einfach das, was Ihnen zufällt, wenn Sie das tun, was Sie tun müssen. Eine solche Haltung zum Leben gibt der Todesangst keinen Raum. Warum vor dem Tod Angst haben, wenn Sie gar nicht enttäuscht werden können? Der Tod bekommt so gar keine Gewalt über Sie.

Wir sehen hier zum ersten Mal, wie wir mit einer Veränderung in unserem Leben viel erreichen können, um die Todesangst zu überwinden. Dabei muss gar nicht viel geschehen. Sie leben weiter wie bisher und haben auch wie bisher Erwartungen, wie alle sie haben und wie die Gesellschaft sie von Ihnen erwartet. Es ändert sich lediglich Ihre Einstellung. Ihr Wohlergehen im Leben hängt nicht mehr von der Erfüllung der Erwartungen ab. Dass Sie dann im weiteren Verlauf auch Ihre Erwartungen abbauen und vielleicht gänzlich darauf verzichten, ergibt sich fast von selbst. Sie sollten Ihre Einstellungsänderung allerdings für sich leben und sie nicht einer Gesellschaft mitteilen, die dafür kein Verständnis hat. Denn in der Gesellschaft ist die Erfüllung von Erwartungen des Einzelnen der Motor, der alles antreibt.

Der Tod entwertet

Im Leben bin ich eine bestimmte Person, die sich ihrer selbst gewiss ist. Ich weiß, wer ich bin. Ich bin auch jemand für die anderen. Ich spreche mit ihnen und werde von ihnen angesprochen. Ich bin eine Person, die Entscheidungen trifft und mit diesen Entscheidungen in das Leben der anderen eingreift. Ich stehe im Zentrum der Welt. Alles dreht sich letztlich um mich. Ich habe das Vertrauen, dass meine Bedürfnisse befriedigt werden. Dieses Selbstverständnis wurde mir schon als Säugling mitgegeben. Mein späteres Leben hat dieses Selbstverständnis weiter gefestigt. Die Welt ist für mich ein Theater, in dem es entscheidend auf mich ankommt. Wenn ich nicht mitspiele, gibt es das Theater nicht mehr. Ich öffne die Augen und nehme dich wahr, erst dann bist du da (für mich). Ich lese die Zeitung und erfahre von einem Krieg, den es erst dann (für mich) gibt. Ich nehme eine Schlaftablette und versinke in einen tiefen Schlaf mit der Folge, dass es die Welt (für mich) nicht mehr gibt. Alles hängt von mir ab. Auch das gibt mir einen unglaublichen Wert. Und ich habe eine ganz bestimmte Welt aufgebaut: Räume, in denen ich lebe, Gegenstände, die mich umgeben und begleiten und Dinge und Werke, die ich geschaffen oder gestaltet habe. Diese so bestimmte Welt ist meine Welt.

Mit dem Tod und schon auf dem Weg dorthin (im Sterben) bricht diese Welt zusammen. Der Sterbende realisiert, dass er in wenigen Schritten nicht mehr im Zentrum der Welt stehen wird. Er wird bedeutungslos, auf ihn kommt es nicht mehr an. Das Welttheater wird ohne ihn weitergespielt. Der Sterbende erkennt, dass er nicht mehr gebraucht wird. Eine erste Ahnung davon bekommt er bereits bei Eintritt in den Ruhestand, völlig klar wird die Situation, wenn die fatale Diagnose feststeht, die Therapiemöglichkeiten ausgeschöpft sind und der körperliche und dann auch der geistige Verfall einsetzt. Dann besorgen sich die anderen um ihn, er wird von allem entlastet, mit Begründungen wie: „Das strengt Dich zu sehr an. Du musst Dich schonen." Er wird aus dem wechselseitigen Tätigwerden füreinander herausgenommen. Er bekommt die Enkelkinder nicht mehr, oft auch, weil unausgesprochen befürchtet wird, sein Anblick könnte sie erschrecken. Nicht einmal eine kleine Besorgung wird ihm anvertraut. Wer zu nichts mehr gebraucht wird, hat in der Gesellschaft eine völlige Entwertung erfahren. Er ist praktisch bereits tot, auch wenn er noch lebt. Weil der Mensch nur sich hat und sonst nichts, ist der Tod für ihn die ultimative Entwertung.

Auch seine Räume, Gegenstände und Werke werden in die Entwertung einbezogen. Selbst wenn alles nach dem Tod eines Menschen völlig unberührt so bliebe, wie es ist, die Welt des Toten gäbe es nicht mehr. Es ist ganz erstaunlich zu sehen, wie die Menschen das spüren. Sie können das selbst testen, wenn Sie eine fremde Wohnung betreten, ohne Näheres über den Bewohner zu wissen. Meist können Sie genau angeben, ob die Wohnung noch bewohnt wird, ob der Bewohner vielleicht auf einer längeren Reise ist oder ob die Wohnung nicht mehr bewohnt ist. Sehr deutlich wird das zum Beispiel bei Schlössern oder Herrenhäusern, die die Bewohner nur während einiger Sommermonate für Besichtigungen freigeben. Dabei werden Sie oft Schwierigkeiten haben, Ihren Eindruck mit irgendwelchen Einzelheiten zu begründen. Denn das Museumspersonal ist in der Ausgestaltung von Museumsräumen ausgesprochen einfallsreich, ein aufgeschlagenes Buch liegt auf dem Bett, eine zerknitterte Serviette auf dem Tisch und in der Vase ist eine frische Blume. Und trotzdem wissen Sie, ob alles nur arrangiert ist oder ob in den Räumen Menschen leben und Gegenstände von Lebenden gebraucht werden. Nach dem Tod werden Räume, Gegenstände und Werke auf den gesellschaftlichen Gebrauchswert zurückgestellt und erlangen erst dann wieder einen besonderen Wert, wenn sich jemand anderes ihrer bemächtigt.

Wie können wir der Entwertung durch Sterben und Tod entkommen? Gibt es überhaupt die Chance eines Entkommens? Sie könnten auf den Gedanken verfallen, der Angst vor Entwertung dadurch zu entfliehen, dass Sie für sich selbst auf jeden Wert verzichten, denn dann gäbe es keine Entwertung mehr, vor der Sie Angst haben müssten. Das hätte dann aber auch zur Folge, dass Sie den Räumen, in denen Sie leben, den Gegenständen, mit denen Sie sich umgeben, den Werken, die Sie schaffen und den Gedanken, die Sie denken, keinen Wert mehr zumessen könnten. Denn Räume, Gegenstände, Werke und Gedanken beziehen ihren Wert von dem Wert, den Sie sich selbst zumessen. Sie könnten eine solche Selbstentwertung einmal in Gedanken durchspielen. Sie lebten dann in einer Wohnung, an deren Einrichtung Sie keinen Gedanken verschwenden, im Extremfall auf Dauer in einem Hotelzimmer. Die Gegenstände in den Räumen und die Kleidungsstücke, die Sie tragen, würden ausschließlich nach Zweckmäßigkeit und von anderen ausgesucht. Ihre Gedanken betrachteten Sie als wiederholt schon gedacht: überflüssig, daraus etwa ein Werk erstehen zu lassen. Eine solche Haltung, vorausgesetzt, Sie wären in der Lage, sie durchzuhalten, hätte die Konsequenz, dass Sie als eine bestimmte Person immer weniger fassbar würden. Bei Diskussionen zuckten Sie mit den Achseln, niemand könnte angeben, was Sie eigentlich als Kleidung tragen, keiner wäre versucht, Ihnen etwas zu schenken. Irgendwie wären Sie natürlich noch da, weil Sie umhergingen, arbeiteten, einkauften und auch sprächen, aber eben unbestimmt. Ihr Sterben und Ihr Tod könnte nicht mehr viel entwerten, weil Sie selbst es schon vorher entwertet hätten. Sie wären dem Tod sozusagen zuvorgekommen. Und das hieße auch, vor Sterben und Tod nicht gelebt zu haben. Denn Leben heißt, für sich selbst einen bestimmten Platz zu finden und als ein ganz bestimmter Mensch in Erscheinung zu treten. Wenn Sie sich selbst keinen Wert zumessen, verzichten Sie auf diese Bestimmung.

Das heißt nun aber nicht, dass sich nicht ein vernünftiger Kompromiss finden könnte. Sie können sich nicht selbst völlig entwerten, weil Sie dann nicht mehr leben können. Aber es wäre durchaus überlegenswert, den eigenen Wert so niedrig anzusetzen, dass Sie noch leben können, aber der Angst vor Entwertung durch Sterben und Tod nicht völlig ausgeliefert sind. Umgangssprachlich ausgedrückt: Nehmen Sie sich selbst gerade so wichtig, dass Sie im Leben noch erkennbar sind. Sie hätten dann wie andere auch eine Wohnung, zweckmäßige Kleidungstücke, einige nützliche Gegenstände für das tägliche Leben und ein paar eigene Gedanken; alles Dinge, auf die Sie notfalls auch noch verzichten könnten. Und streben Sie eine Position in der Gesellschaft an, deren Verlust Sie nicht bedauern müssten. Dann hätten Sie einen weiteren wesentlichen Grund für Todesangst beseitigt und lebten fortan freier.

Im Sterben sind wir verlassen ...

Ist die Angst vor dem Tod Verlassenheitsangst? Jeder kennt die Situation: Eine heitere Gruppe bewegt sich in angeregter Unterhaltung durch einen Wald. Sie sind abgelenkt und bleiben zurück, vertiefen sich womöglich in den Anblick eines seltsamen Baumes oder einer ungewöhnlichen Blume, überlassen sich Träumen. Plötzlich stellen Sie fest, dass Sie allein sind. Sie beschleunigen Ihren Schritt, finden den Weg aber nicht mehr eindeutig und rufen schon etwas beunruhigt laut nach den anderen. Und erhalten keine Antwort. Sie sind plötzlich auf sich gestellt. Einige werden ruhig weitersuchen oder wieder zurückgehen oder sich sonst nach einer Lösung umsehen. Einige werden aber eine leichte Angst verspüren, die durch nichts anderes als durch plötzliche Verlassenheit begründet ist.

Das ist natürlich keine Todesangst, aber doch vielleicht eine erste Ahnung davon. Denn im Sterben werden Sie von niemandem begleitet, auch wenn viele Menschen an Ihrem Bett stehen sollten, was im Übrigen ja keineswegs ausgemacht ist. Sie sterben, und die anderen sterben nicht (zumindest nicht in diesem Augenblick), den Schritt aus dem Leben machen Sie. Insofern kann diese Verlassenheitsangst Ihnen vielleicht einen ersten Eindruck davon geben, was Sie erwartet, wenn Sie sterben.

Umgekehrt erleben Sie Verlassenheit auch, wenn Ihnen liebe Menschen sterben. Diese Menschen verlassen Sie, vielleicht mit der Folge, dass Sie sich verlassen fühlen mit der Angst des Verlassenen. Vielleicht hadern Sie mit den Sterbenden und machen ihnen Vorwürfe, Sie allein zurückzulassen. Und bekommen vielleicht so eine Ahnung von der noch tiefergehenden Verlassenheit und der Angst, wie sie im Sterben auftritt.

Das Verlassenheitsgefühl ist eines der wesentlichen Gefühle, die Sie selbst erlebt haben müssen, wenn Sie sich mit Sterben und Tod beschäftigen. Auch wenn Sie es nur in Andeutungen erleben, wird es Ihnen doch eine Ahnung geben, was Todesangst ist. Dabei ist es kaum möglich, eine Situation von Verlassenheit selbst zu schaffen, um sie erleben zu können. Diese Situation muss über Sie kommen. Einen Versuch könnten Sie immerhin unternehmen. Schließen Sie sich zumindest für eine Zeit von einigen Wochen vollständig von den Menschen ab, stellen Sie sicher, dass niemand weiß, wo Sie sind. Sie sollten auch keine Möglichkeit haben, schnell wieder mit den Menschen in Kontakt zu treten. Das Mobiltelefon müssen Sie also zu Hause lassen. Niemand sollte vorbeikommen können. Sie sollten auch keine Möglichkeit haben, Radio zu hören oder fernzusehen. Ein solcher Platz ist schwer zu finden. Vielleicht können Sie in den Bergen eine Hütte für diese Zeit mieten mit der Zusicherung, dort nicht gestört zu werden. Verlassenheit werden Sie trotzdem nicht erleben. Denn dieses Gefühl setzt voraus, dass Sie die Situation nicht selbst geschaffen haben und sie auch nicht beenden können. Erleben können Sie aber das Gefühl von tiefer Einsamkeit und haben so einen ersten Eindruck von Verlassenheit.

Wie könnte das Verlassenheitsgefühl des Sterbenden überwunden werden? An der Situation ist nichts zu ändern. Sie sterben, die anderen sterben irgendwann auch, aber später. Die letzten Schritte müssen Sie allein gehen. Viel gewonnen ist, wenn Sie bis zu diesen letzten Schritten begleitet werden von Menschen, die Sie lieben und Ihnen das Gefühl geben, dass Sie den letzten Schritt, einen Sprung, wagen können. Und wenn Sie glauben können. Denn dann nimmt ein Abgesandter Gottes Sie bei der Hand, hält Sie tröstend an seiner Brust und begleitet Sie auf dem weiteren Weg. Das haben Gläubige erlebt. Wenn Sie nicht glauben können, könnten Sie Ihre Tochter bitten, Ihre Hand auch bei dem letzten Sprung zu halten und nicht mehr loszulassen. Aber das tun Sie besser doch nicht, denn die Tochter wird erstarren oder doch gleich weinen, weil sie Ihre Hand irgendwann einmal loslassen muss.

Nun kann es sein, dass sich dieses Verlassenheitsgefühl bei tiefster Ausprägung umkehrt. Aus Todesangst wird Lebensangst. In völliger Verlassenheit gibt es nur noch eine Angst vor dem Leben. Lesen Sie dazu Rachel Berdachs Buch „Der Kaiser, die Weisen und der Tod". Das Buch schließt mit einer Szene, in der sich ein letzter Überlebender verlassen auf der froststarren Erde findet, zurückgelassen von einem Todesengel, der alle anderen Menschen mitgenommen hat. In dieser Situation gibt es eine Todesangst nicht mehr, sie ist umgeschlagen in eine Angst vor dem Leben.

Diese Situation ist in mancherlei Hinsicht bedeutsam. Tiefe Verlassenheit begründet Todesangst, die ein Mensch aber nur hat, wenn er noch die Hoffnung hat, doch nicht allein zu sein. Er kann aber auch um diese Hoffnung noch gebracht werden, etwa wenn alle Suche nach Menschen vergeblich ist, vor allem aber dann, wenn er feststellt, dass Menschen in seiner Umgebung gar keine Menschen sind, sondern nur aussehen wie Menschen. Solche Situationen können zum Beispiel Folteropfer erleben, die mit einem Verhalten konfrontiert sind, das nicht mehr menschlich ist. In diesen Situationen schlägt die Todesangst um in Lebensangst. In dieser Angst wollen die Menschen sterben, die Angst vor Sterben und Tod wäre somit überwunden. Aber um welchen Preis? Dass aus Angst vor dem Tod der Tod schließlich gesucht wird.

... und sterben allein

Auch wenn der Sterbende von Freunden und Angehörigen nicht verlassen wurde, muss er doch damit fertig werden, dass er (und nicht die anderen) der Sterbende ist. Seine Lage ist erheblich belastet. Das Sterben nimmt ihn aus der sozialen Gemeinschaft heraus und macht ihn zu einem Vereinzelten. Die anderen leben weiter und gehen dabei weiter auf einem Weg, der ihm plötzlich versperrt ist. Er sieht sich auf einen Weg gedrängt, den er gerade nicht gehen wollte. Obwohl es eine Binsenweisheit ist, sollte man sich gerade in Bezug auf Freunde und geliebte Menschen immer vor Augen halten: Man kann gemeinsam leben, sterben muss man aber allein. Der Sterbende steht dabei in einer merkwürdigen Ambivalenz. Einerseits hat er sich mit der Bekanntgabe seines Sterbens schon verabschiedet, alle Beteiligten wissen, dass er nicht mehr zurückkommen wird in die Welt der Lebenden. Er ist also eigentlich schon nicht mehr richtig dabei. Andererseits hält sich der Sterbende doch noch eine Zeit weiter unter den Lebenden auf, Sterben kann manchmal dauern. Das führt meist dazu, dass sich der Sterbende als ausgestoßen erlebt. Er ist zwar weiterhin dabei, aber nicht mehr so wie früher, als er noch nicht als Sterbender gekennzeichnet war. Denn die Themen der Gemeinschaft sind nicht mehr seine Themen. Die Gemeinschaft plant zum Beispiel Straßen und Bauwerke, die in einigen Jahren errichtet werden. Der Sterbende wird dann bereits tot sein. Natürlich wird es immer wieder Sterbende geben, die sich in solche Planungen einschalten wollen, weil sie zum Beispiel für Kinder und Kindeskinder sorgen wollen. Sie werden aber die Erfahrung machen müssen, dass die Gemeinschaft sie behutsam, aber nachdrücklich aus der Planung ausschließt. Der Sterbende hat eben ein Argument nicht, das die Weiterlebenden haben: Die Planung betrifft ihn persönlich nicht mehr. Er kann zwar für Kinder und sonstige Angehörige sprechen, aber das schlagende Argument der eigenen Betroffenheit fehlt ihm.

In den Familien gibt es dazu immer wieder bedrückende Situationen. Die Weiterlebenden sind zum Beispiel durch die Umstände gezwungen, sich im Beisein des Sterbenden über eine Anschaffung zu beraten, etwa über die Ausstattung des bereits bestellten Autos. Sie sind verunsichert. Nach menschlichem Ermessen wird der Sterbende im Sommer, wenn es auf die Ausstattungsvarianten des

Autos ankommt, nicht mehr leben. Sollen sie ihn in die Diskussion einbeziehen? Sie wollen alles vermeiden, was den Sterbenden ausgrenzt. Andererseits, sind Ausstattungsvarianten eines Autos für einen Sterbenden wichtig? Wäre es da nicht besser, die Diskussion abzubrechen? Und der Sterbende selbst? Ausstattungsvarianten waren ihm immer sehr wichtig. Aber Ratschläge geben, wenn solche Ratschläge ohne eigene praktische Relevanz erteilt werden? Was sind solche Ratschläge dann überhaupt noch wert?

Man kann immer wieder die Erfahrung machen, dass diese Phase des Sterbens, wenn alle – Weiterlebende und Sterbender – auf den Tod warten, der Sterbende aber noch wahrnimmt und mit den Weiterlebenden kommuniziert, äußerst belastend sein kann. Der Sterbende hat oft das Gefühl, dass die anderen ungeduldig werden, wenn sich das Sterben hinzieht. Er erschließt das aus hingeworfenen Bemerkungen oder einem tiefen Durchatmen, das er früher nicht beachtet hätte. Die Weiterlebenden fühlen sich oft gebunden und zu ständiger Rücksicht aufgefordert, haben manchmal (eben wenn das Sterben lange dauert) das Gefühl, um ihr eigenes Leben betrogen zu werden. Dazu kommt, dass die Weiterlebenden fast immer das Gefühl haben, das Sterben des Angehörigen komme zur ausgesprochenen Unzeit, weil es so viele ihrer Pläne und Unternehmungen zunichtemacht. Sie fragen den Arzt oder die Betreuer deshalb oft, ob der Sterbende noch lange leiden muss und äußern untereinander die Hoffnung, dass er bald sterben kann. Sie sagen dabei „kann" und nicht „wird", weil sie sonst über ihre eigenen Gefühle erschrecken würden.

Der Sterbende weiß das alles und reagiert irritiert oder sogar misstrauisch, wenn die Ehefrau an der Haustür leise mit Freunden spricht oder die Kinder in einer Zimmerecke tuscheln. Er ist unter Freunden und Familienangehörigen, also keineswegs verlassen, aber unter all diesen Menschen gezeichnet als der Sterbende, also vereinzelt, nicht mehr wie die anderen in der Gemeinschaft der Menschen. Das macht dem Sterbenden Angst, denn damit fällt alle Geborgenheit und Wärme weg, die sich dadurch ergibt, dass eine

Gemeinschaft zusammen plant und vorsorgt. Davon wird der Sterbende zunehmend ausgeschlossen. Er spürt die Nacktheit und Kälte des Todes schon im Leben. Und bekommt damit eine Ahnung von zugigen Gängen in Krankenhäusern, in denen er frieren wird, und von Abstellkammern auf den Krankenstationen, in die eine Krankenschwester ab und zu einen sachlich-prüfenden Blick wirft, weil da noch Arbeit auf sie zukommt.

Ist überhaupt eine Möglichkeit denkbar, die Vereinzelung im Sterben zu überwinden? Man könnte vielleicht daran denken, dass ein gemeinsames, gleichzeitiges Sterben mit anderen dem Sterbenden die Angst nimmt, die in seiner Vereinzelung begründet liegt. Wie aber könnte man sich so etwas denken? Vielleicht ein Sterben bei einem Sturmangriff im Krieg, wenn Tausende gleichzeitig losstürmen im Wissen, dass sie alle niedergemäht werden? Oder ein Sterben, wenn Hunderte von Sektenmitgliedern gleichzeitig ein Gift trinken und sich beobachten, wie sie alle nacheinander umsinken? Man kann die Toten nicht mehr befragen. Die Berichte der wenigen Überlebenden sind merkwürdig unbestimmt. Mit dem Losstürmen fiel die Angst ab, vor allem wenn gemeinsam und sehr laut ein Schrei ausgestoßen wurde und es keine Alternative gab. Offenbar wurde so die Vereinzelungsangst im Sterben überwunden. Eine Lösung?

Durchforschen Sie die Berichte von Kriegsteilnehmern, lesen Sie in alten Büchern nach. Vielleicht ergibt sich sogar noch die Möglichkeit, jemanden persönlich zu befragen. Sie müssen natürlich immer bedenken, dass eigentlich jeder das Bedürfnis hat, sich in irgendeiner Weise darzustellen. Wie es wirklich war, können Sie oft nur indirekt erschließen. Und wenn Sie bestätigt finden, dass die Angst wirklich abfiel: Hat das für Sie und damit auch für uns irgendeine Relevanz? Wohl kaum. Denn das alles sind Ausnahmesituationen. Im ganz gewöhnlichen Sterben sind und bleiben Sie allein. Ein einzelner Sterbender, der vielen Weiterlebenden gegenübersteht. Diese Situation ist für Sie nicht auflösbar. Sie bleiben mit Ihrer Angst allein.

Der Tote ist vergessen

Durch Sterben und Tod entschwinden die Menschen aus dem Kreis der anderen. Als eine Art Trost bleibt Ihnen, dass sich die anderen an sie erinnern. Ein Trost ist dies deshalb, weil der Sterbende in der Erinnerung der anderen eine Wertschätzung seiner Person sieht. Die sterbende Mutter sieht ihre Tochter vor sich, wie sie noch in vielen Jahren an Ratschläge und Kommentare der Mutter denkt. Das gibt ihr das Gefühl, in der Tochter weiterzuleben. Und einen Trost.

Das aber ist nur ein Wunsch der Sterbenden. Denn regelmäßig beobachten wir, wie schnell ein Verstorbener vergessen wird. In Behörden, Schulen und Betrieben ist der Verstorbene meist schon nach Monaten, selten erst in wenigen Jahren vergessen, in den Familien gibt es meist keine genaue Erinnerung der Enkelgeneration an die Großeltern mehr.

Da ist es dann leicht nachvollziehbar, wenn der Sterbende zu der Feststellung kommt, in ein bis zwei Generationen werde ich gänzlich vergessen sein. Und dann eben nicht mehr die Hoffnung hat, in Kindern und Kindeskindern weiterzuleben. Er wird sich sterbend vielleicht sagen, dass sich die anderen deshalb nicht an ihn erinnern werden, weil er belanglos war. Die Feststellung wird bleiben, auch wenn die Gesellschaft und die Kirchen alles daransetzen, den wichtigen Beitrag jedes Einzelnen für die Gemeinschaft zu betonen. Denn die Gesellschaft lebt davon, dass ein Mensch der Überzeugung ist, als einzelne, individuelle Person wichtig für die Gemeinschaft zu sein, da er sich nur mit einem so vermittelten Gefühl vom Wert seiner eigenen individuellen Person für die Gemeinschaft einsetzen wird. Die Gesellschaft sagt ihm natürlich nicht, dass sein Wert lediglich darin besteht, für eine bestimmte Zeit eine Funktion zu übernehmen, die danach ein anderer übernimmt. Dass es auf seine individuelle Person nicht ankommt. Dass er beliebig austauschbar ist. Dass das aber Lebenden und Sterbenden nicht gesagt werden darf, um sie nicht über ihre Wichtigkeit zu desillusionieren, denn dann wäre zu befürchten, dass sie nicht mehr wie gewünscht funktionieren. Deshalb setzen im Auftrag der Gesellschaft die Kirchen und die öffentlichen, meinungsprägenden Medien alles daran, die Menschen von ihrem Wert zu überzeugen. Im Lokalteil einer Zeitung wird das geradezu rührend praktiziert, wenn etwa aus den verschiedenen Vereinen berichtet wird. Oder es werden die Protagonisten sogenannter Initiativen vorgestellt. Natürlich haben alle diese Menschen einen Wert, aber eben als austauschbare Funktionsglieder in der arbeitsteiligen Gesellschaft, unterschwellig suggeriert wird aber, dass daraus ein individueller Wert resultiert. Deshalb auch der stereotyp wiederholte Satz in den Todesanzeigen, der auf die Leser dieser Anzeigen (die Lebenden) gemünzt ist, denen man ihren Wert versichern will, damit sie weiter funktionieren, denn der Leser von Todesanzeigen beschäftigt sich offensichtlich mit Sterben und Tod und könnte aus dieser Beschäftigung Zweifel an seinem eigenem Wert entwickeln: „Wir werden ihm immer ein dankbares Andenken bewahren."

Viele Menschen durchschauen zwar diese Situation, spielen aber gleichwohl mit, vielleicht weil sie das Gefühl haben, mit einer solchen Illusion zu leben sei immer noch besser, als mit der eigenen Unwichtigkeit konfrontiert zu werden. Trotzdem wissen sie natürlich, dass sie als jederzeit austauschbare Funktionsglieder schon als Lebende unwichtig wären, wenn man sie außerhalb der Funktionskette stellte. Die naheliegende Feststellung, dass dann der eigenen Person kein besonderer, individueller Wert beizumessen ist, wird lieber verdrängt.

Auch das Vergessen ist also eine Art Entwertung und damit Grund für Angst vor Sterben und Tod. Es steht der Verlassenheit nahe, ohne jedoch deren elementare Wucht zu erreichen. Denn das Vergessen ist ein in der Zukunft liegendes Ungewisses, über das die Menschen meist noch keine klare Vorstellung haben. Es hat etwas von einer tiefen Enttäuschung, die alles infrage stellt, was man bisher als sicher annahm und damit eine große Verunsicherung auslöst, die Angst macht.

Wie könnten wir mit der durch Vergessen ausgelösten Angst fertig werden? Seit Anfang der Menschheitsgeschichte wird von den Menschen versucht, die durch das drohende Vergessen ausgelöste Angst dadurch zu überwinden, dass Denkmäler errichtet werden, die an die Verstorbenen erinnern. Sie können sie überall auf der Welt finden. Einige wenige sind so großartig, dass sie Jahrtausende überdauert haben, wie etwa die Pyramiden. Von einigen finden sich noch Reste, die meisten sind verfallen und oft schon nicht mehr lokalisierbar.

Die Masse der Menschen setzt Grabsteine, die die Verstorbenen einige Generationen überdauern können, spätestens aber dann verschwinden, wenn die Nutzungsrechte an den Gräbern nicht verlängert werden. Und das ist schon in der Enkelgeneration die Regel. Bei den in der Gesellschaft bekannten Verstorbenen (Künstler, Schriftsteller, Politiker etc.) kümmern sich manchmal die Städte um diese Grabsteine, aber das ist die Ausnahme und oft auch abhängig von wechselnden politischen Überzeugungen.

Versucht wird auch, Vergessen dadurch zu überwinden, dass die Sterbenden Verfügungen über ihren Tod hinaus treffen oder Vorkehrungen veranlassen, dass an die Verstorbenen in Schriftstücken oder Ahnentafeln erinnert wird. Wenn Sie einmal eine solche Ahnentafel in die Hand nehmen und dort den Namen eines entfernten Onkels lesen, über den nichts Weiteres bekannt ist, wird Ihnen klar, dass er vergessen ist.

Die Sterbenden wissen das alles natürlich, trotzdem spielen sie mit, indem sie Nutzungsrechte an Gräbern erwerben und in Testamenten die Aufstellung großer Grabmäler verfügen. Immer in der Hoffnung, vielleicht doch nicht vergessen zu werden. Es ist eine völlig unrealistische Hoffnung, die regelmäßig enttäuscht wird (ja notwendigerweise enttäuscht werden muss im Hinblick darauf, dass über Jahrtausende hinweg Milliarden von Menschen kommen und gehen), aber die Enttäuschung wird offenkundig eben erst zu einem Zeitpunkt, wenn es den Verstorbenen schon viele Jahre nicht mehr gibt. Dem Sterbenden bleibt die Hoffnung. Denn auch die Weiterlebenden spielen natürlich mit, indem sie dem Sterbenden immer wieder und ganz eindringlich versichern, ihn nie zu vergessen, das Grab zu pflegen und die Auflagen im Testament zu erfüllen. Und schließlich spielen auch noch die Kirchen mit, wenn sie die Weiterlebenden verpflichten, an einem bestimmten Feiertag einmal im Jahr die Gräber der Verstorbenen aufzusuchen.

Man sollte die Situation gar nicht negativ sehen. Denn was hier geschieht, ist das einzige, was in der menschlichen Gesellschaft realistischerweise geschehen kann, um Vergessen zu verhindern. Man sollte sich aber nur klar machen, dass das alles gar nicht geschieht, um Vergessen zu verhindern, sondern um den Sterbenden (und den Weiterlebenden, die zu einem späteren Zeitpunkt die Sterbenden sein werden) zu der Illusion zu verhelfen, Vergessen könnte verhindert werden. Die Illusion ist entscheidend.

Dieser Feststellung können Sie sich auch durch eine Art Gegenprobe versichern. Wenn Sie verschiedene Sterbefälle begleiten, werden Sie feststellen, dass derjenige am leichtesten stirbt, dem seine Familie und seine Freunde und vor allem die Kirche in der überzeugendsten Form versichern, er werde nie vergessen und sei sicher in der Hand Gottes. Und der diese Versicherung unerschütterlich glaubt. Diese Versicherung bedeutet dem Sterbenden dann, einen unvergänglichen Wert über den Tod hinaus zu haben. Und kann ihn so von seiner Todesangst befreien.

Wir sterben hilflos

Sterben und Tod machen Ihren Körper zu einem Gegenstand der Welt, der wie alle Gegenstände der Welt vergeht. Wie ein Blumenstrauß, der verwelkt, oder wie ein Apfel, der verfault. Sie sind diesen Vorgängen ohnmächtig ausgeliefert. Hilflos und ein Gegenstand der Welt waren Sie nun aber schon bei der Geburt. Allerdings waren Sie sich zu diesem Zeitpunkt Ihrer Situation nicht bewusst und konnten insofern darunter auch nicht leiden. Wenn Sie sterben, werden Sie – jedenfalls in aller Regel – ein Bewusstsein Ihrer selbst haben und unter Ihrem Verfall leiden. Das entwickelte Bewusstsein Ihrer selbst legt Ihnen nun auch nahe, sich mit Ihrem Verfall auseinanderzusetzen und den Verfall möglichst zu verhindern. Dann werden Sie feststellen, dass Sie das nicht verhindern können, auch wenn Sie sich größtmöglicher Hilfe versichern, etwa berühmte medizinische Kapazitäten aufsuchen oder sich alternativen Behandlungsmöglichkeiten zuwenden. Einige der Eingriffe halten den Verlauf etwas auf, der nach einer Pause dann doch wieder seinen Gang geht.

Und Sie werden feststellen, dass Ihr Körper ein Gegenstand ist, der geschnitten und genäht wird, den fremde Hände hierhin und dorthin legen. Das erfolgt immer mit der Versicherung, dass das alles zu Ihrem Besten sei. Da Sie Schmerzen haben und in Ihrer Beweglichkeit eingeschränkt sind, müssen Sie alles über sich ergehen lassen. Sie sind hilflos. Alles, was Sie in einem früheren Leben vor dem Sterben waren, vielleicht tatkräftig, zupackend, vorausschauend planend, zählt beim Sterben nur noch eingeschränkt und schließlich überhaupt nicht mehr. Sie sterben nicht aktiv, Sie erleiden Ihr Sterben passiv.

Dieser Wechsel macht Angst. Weil er Ihre Situation umkehrt. Ab einem bestimmten Punkt des Sterbens können Sie nichts mehr gestalten. Allenfalls können Sie das Tuscheln der Pflegerinnen interpretieren, die sich vermutlich täglich über die Länge Ihrer restlichen Lebenszeit austauschen. Sie können die Mimik des Arztes deuten, die alle anfängliche Besorgnis und Bekümmertheit verloren hat und nur noch eine undurchsichtige, flache Aufmunterung zeigt, wenn es Ihnen nicht rechtzeitig gelungen ist, ihm dieses Versteckspiel zu versperren. Die Todesangst des Hilflosen ist wie ein Abgrund, der sich langsam über dem Abgestürzten schließt. Nicht einmal ein Schrei wird noch gehört.

Können wir der Hilflosigkeit im Sterben entkommen? Wir können nur feststellen, dass der Verfall des Körpers immer zu einem

Punkt führen muss, an dem der Sterbende hilflos ist. Das ist notwendig so, denn der Verfall des Körpers (das Sterben) soll ja zu einer Auflösung des Körpers (dem Tod) führen. Irgendwann muss es dann einen Punkt geben, wo Hilflosigkeit eintritt. Es ist keine Möglichkeit ersichtlich, diesen Punkt etwa zu umgehen. Denkbar wäre allenfalls, diesen Punkt zu überspringen, etwa wenn der Tod schlagartig eintritt. Aber das ist, wie weiter oben ausgeführt, sehr selten. Wir müssen also mit dieser Angst vor Hilflosigkeit (die eine der Begründungen für Todesangst ist) leben.

Und doch hat sich die menschliche Gesellschaft auch hierzu etwas einfallen lassen. Wenn schon nicht vermeidbar, dann soll die Hilflosigkeit des Sterbenden wenigstens nicht in Erscheinung treten. Auch hier mit der Absicht, den Menschen (die wegen Angst vor Hilflosigkeit Todesangst haben) zu der Illusion zu verhelfen, Hilflosigkeit sei vermeidbar. Sie können Versicherungen abschließen, dass Krankenhausaufenthalte und vor allem der letzte (bei dem gestorben wird) in einer angenehmeren Umgebung erfolgen als sonst in Krankenhäusern üblich. Sie sterben dann nicht in einem Mehrbettzimmer und im Beisein von zahlreichen Besuchern und werden zuletzt auch nicht in eine Abstellkammer abgeschoben, sondern haben ein eigenes Zimmer, das Sie erst nach eingetretenem Tod räumen müssen. Ob die Versicherung Ihnen aber wirklich zu einem solchen Sterben verhilft, ist recht ungewiss. Das Krankenhaus könnte das Einzelzimmer gerade anderweitig benötigen, oder die Versicherung könnte Wege finden, dieses Versprechen doch nicht einzulösen, etwa weil Versicherungsbedingungen unterschiedlich interpretiert werden können.

Die entwickelten Gesellschaften stellen hier noch weitere Möglichkeiten bereit. So etwa mit bestimmten Häusern, die ausschließlich zum Sterben bestimmt sind (Hospize). Die Umgebung dort ist entsprechend den üblichen Vorstellungen der Gesellschaft als angenehm gestaltet, das Personal ist ausgebildet und freundlich und sehr professionell. Auch dort sind Sie natürlich irgendwann hilflos, die Situation wird aber geschickt überspielt, um zu der Illusion zu verhelfen, doch nicht hilflos zu sein.

Wenn Sie sich diese Möglichkeiten vor Augen führen, werden Sie schnell zu der Feststellung kommen, dass derartige Vorkehrungen der Gesellschaft im Grunde nur Kosmetik sind und der Hilflosigkeit im Sterben (und der damit gegebenen Angst) nicht zu entkommen ist.

Der Tod ist unheimlich

Sie finden sich in der bekannten Situation. Die tödliche Diagnose steht fest, wie ein Urteilsspruch, gegen den es keine Rechtsmittel mehr gibt. Hier sind Sie, zusammen mit Ihrem Sterben, aber wo ist der Tod? Sie sehen ihn nicht, obwohl Sie sich bemühen. Sie machen sich klar, dass Sie ihn gar nicht sehen können, weil er ja nicht etwas Bestimmtes ist, das man fassen kann. Aber Sie wissen, er ist Ihr Feind. Sie wollen Ihrem Feind wenigstens in die Augen sehen können, bevor er zuschlägt. Es ist aber nichts zu sehen. Der Tod hat sich verhüllt, ist „unerforschtes Land, von dessen Grenzen kein Wandrer wiederkehrt", wie Shakespeare Hamlet in seinem großen Monolog verkünden lässt. Sterben ist wie eine Wanderung durchs Hochgebirge im Nebel. Sie machen merkwürdige Geräusche aus, der Weg verliert sich, Sie haben das Gefühl, den Boden unter den Füßen zu verlieren. Und Sie spüren: Der Tod ist nicht zu fassen.

Er ist Ihr Feind, aber er wird Ihnen nicht in die Augen sehen. Er schlägt von hinten zu, in einem Augenblick, in dem Sie es nicht erwartet haben. Er lauert, vielleicht im Nachbarzimmer oder hinter einer der Pflegerinnen, die sich etwas betreten und irgendwie gehemmt um Sie bemühen. Ihre Angst bekommt kein Gesicht zu fassen.

Wie können wir mit Unheimlichkeit fertig werden? Fast immer empfiehlt es sich in einer unheimlichen Situation oder an einem unheimlichen Ort, Situation oder Ort zu verlassen und Plätze aufzusuchen, die nicht unheimlich sind. Oder man bemüht sich aktiv,

Situation oder Ort die Unheimlichkeit zu nehmen, indem man die Situation klärt und den Ort untersucht. Dabei kann es natürlich keine generellen Empfehlungen geben. Flucht oder aktive Auseinandersetzung, das entscheidet sich in der hoffentlich richtig beurteilten Situation. Das gilt für Fälle mit akuter Gefahr, in die Sie aus vielfältigen Gründen immer wieder geraten können. Etwa, wenn Sie sich im Gebirge verirren oder in fremden Ländern und Städten in Gegenden geraten, wo Ihnen objektiv Gefahr droht.

Hier aber geht es nicht um eine reale Gefahr, sondern um die Unheimlichkeit des Todes, die Sie dann erfahren, wenn Sie zum Ende Ihres Lebens zu der Überzeugung kommen sollten, dass der Tod Ihr übermächtiger Feind ist (den Sie in dieser Weise überhöhen, weil Sie ihn als einfaches Ende nicht ertragen können), der Sie vernichten wird, der sich aber nicht zeigt, sondern sich hartnäckig verhüllt. Ihnen wird dann klar, dass Sie dieser Unheimlichkeit durch Flucht nicht entkommen können. Wohin könnten Sie auch fliehen? Allenfalls die über längere Zeit geübte aktive Auseinandersetzung mit Sterben und Tod bietet die Chance, den Tod nicht in dieser Weise zu überhöhen und so Unheimlichkeit gar nicht erst entstehen zu lassen.

Dann wäre sogar die Lösung denkbar, den Tod als den seit langem dringend erwarteten Freund zu sehen, der nicht zuschlägt oder mit Zwang etwas beendet, sondern Sie mitnimmt auf eine Reise in ein schönes Land. Was dann aber doch keine Lösung ist, denn diesen Freund treffen wir nur einmal, und wo die Reise hingeht, bleibt offen, da noch nie jemand etwas aus dem unbekannten Land berichtet hat.

Todesangst folgt aus Lebensangst

Bei vielen Menschen wird aus negativen Erlebnissen und aus der Erfahrung, dass in ihrem Leben nichts Bestand hat und nichts sicher ist, eine ihr Leben prägende Lebens- oder auch Zukunftsangst. Beispiele dafür gibt es viele. Die Erfahrung früherer Generationen, dass das gesparte Geld keine Sicherheit gab, weil eine Hyperinflation alles Ersparte vernichtete, kann in dieser Weise verinnerlicht werden. Für diese Menschen ist durch alle auch noch so intensive Vorsorge keine Sicherheit zu erreichen. Wer als Kind in einer Umgebung aufwuchs, die keinen Erfolg zuließ, kann zu der Überzeugung kommen, dass keine Erfolge möglich sind. Wer nie Liebe erfuhr, kann zweifeln, ob es Liebe überhaupt gibt.

Wer so ins Leben und durch das Leben geht, wird irgendwann Angst verspüren, weil er keinen Grund findet, auf dem er sein Leben aufbauen kann. Ein solches Leben ist durch Angst gezeichnet. Der übliche Weg, diese Angst zu überwinden, ist meist nicht der Verzicht auf Sicherheit, Erfolg oder Liebe oder die Kompensation durch etwas anderes, sondern der verzweifelte und immer zum Scheitern verurteilte Versuch, diese Defizite durch ständige Wiederholung zu überwinden. Vielleicht lässt sich ja doch ein Vermögen erreichen, das die nötige Sicherheit gibt, vielleicht bringen übermenschliche Anstrengungen den erstrebten Erfolg, vielleicht findet sich unter vielen Beziehungen dann doch einmal eine Liebe. Alle diese Versuche brauchen Zeit, um diese Ziele zu erreichen und so die Angst zu überwinden.

Damit ist eine so begründete Lebens- oder auch Zukunftsangst eigentlich Angst um Lebenszeit, die immer zu kurz ist und trotz ständiger Wiederholungen und immer wieder verstärkter Anstrengungen nie ausreicht, um zu einem gelingenden Leben zu kommen. Aus der Erfahrung, dass nichts Bestand hat, nichts sicher und auf nichts Verlass ist, wird Lebensangst, deren Bewältigung Lebenszeit braucht, die der Tod ständig bedroht. Die Lebensangst dieser Menschen ist Begründung ihrer Todesangst.

Damit könnte man sich vorstellen, dass eine Bearbeitung der Lebensangst auch unsere Todesangst reduziert. Und das ist in der Tat so. Eine erfolgreiche Bearbeitung der tiefgreifenden Unsicherheit (die Begründung der Lebensangst ist) erleichtert spürbar die Todesangst. Erfolgreich ist die Bearbeitung dann, wenn das Erreichen von Sicherheit, Erfolg oder Liebe nicht mehr Bedingung für psychische Stabilität ist, sondern darauf ohne Lebensangst verzichtet werden kann. Denn dann kann der Tod nicht mehr die für die Bearbeitung der Defizite dringend benötigte Lebenszeit rauben. Wer mit sich im Reinen ist, hat wenig und im Idealfall gar keine Angst mehr vor dem Tod. Die hat nur, wer – immer vergeblich – in ewiger Wiederholung nach Sicherheit, Erfolg oder Liebe im Leben sucht. Erst wenn ihm Sicherheit, Erfolg und Liebe nichts mehr bedeuten, wird die Todesangst von ihm abfallen. Denn dann ist er nicht mehr verletzlich.

Damit ergeben sich gute Ansätze, die Todesangst zu bewältigen. Bearbeiten Sie Ihre Wünsche nach Sicherheit, Erfolg und Liebe, versuchen Sie, diese Ziele soweit wie möglich zu relativieren. Viel wäre schon gewonnen, wenn Sie Unsicherheit zumindest begrenzt aushalten können und von einem Erfolg nicht viel für Ihr Wohlbefinden abhängt. Und Sie keine Liebe enttäuschen kann, weil Sie gar keine Liebe suchen. Sie sollten diese Einstellung aber nicht offen leben. Die Gesellschaft erwartet, dass Sie vorsorgen, eine berufliche Karriere anstreben und einen Partner suchen und lieben, denn auf diesen Pfeilern ist sie aufgebaut. Wer die Erwartungen nicht bedient, fällt heraus und bekommt erhebliche Schwierigkeiten. Dem sollten Sie aus dem Weg gehen. Bedienen Sie diese Erwartungen also nur insoweit, dass die Verfolgung dieser Ziele Sie von Ihrem eigentlichen Ziel, ohne Angst vor dem Tod zu leben, nicht abbringt.

Wir wissen nichts über Sterben und Tod

Sterben und Tod werden heute anders als vor Jahren nicht mehr oder doch nur sehr selten im unmittelbaren Umfeld (also im Wesentlichen die Familie) beobachtet. Die Lebenserwartung steigt, junge Menschen sterben viel seltener. Kranke werden in Krankenhäuser gebracht, Sterbende in spezielle Sterbeeinrichtungen, wo sie von professionellen Sterbebegleitern betreut werden. Die arbeitsteilige Gesellschaft perfektioniert sich also auch in dieser Hinsicht ständig weiter.

Wenn uns also Sterben und Tod in unserem Umfeld nur selten begegnen, dann ist allein dadurch schon der Grund dafür gelegt, dass wir Angst davor haben. Es ist eine Grunderfahrung des Menschen, dass er vor dem Angst hat, was er nicht kennt.

Sie müssen natürlich genau wissen, wie das Sterben eines Menschen abläuft, als Grundlage dafür, ihre Angst vor Sterben und Tod zumindest etwas abzubauen. Weiter oben wurden die verschiedenen Stadien des Sterbens beschrieben. Das ersetzt natürlich nicht eigene Beobachtungen und Erfahrungen. Nur wenn Sie Menschen sterben gesehen haben, können Sie abschätzen, was Sie selbst erwartet. Weichen Sie also möglichen Erfahrungen zum Beispiel in der Familie nicht aus. Besuchen Sie die sterbende Tante regelmäßig. Reden Sie mit ihr wie immer und beobachten sie. Für die letzten Stunden nehmen Sie sich ausreichend Zeit, sitzen am Bett und schweigen, wenn die Sterbende nicht mehr sprechen kann oder sprechen will. Dann erleben Sie den eigentümlich anrührenden Übergang, auf einen Zeitraum von Sekunden komprimiert, zwischen sie ist/lebt und sie ist nicht/lebt nicht (mehr). Dass es dabei Überraschungen geben kann, ist natürlich möglich. Sie könnten Zeuge eines Todeskampfes werden, wenn sich die Sterbende in Angst vor dem Tod gegen den Tod aufbäumt. Sie werden dabei aber auch feststellen, dass Sterben etwas ist, das unabhängig von Ihnen abläuft. Ob sich die Sterbende aufbäumt oder nicht, sie stirbt doch, wenn sie stirbt. Bis zu einem gewissen Zeitpunkt sind medizinische Eingriffe möglich, die aber allenfalls den Verlauf etwas modifizieren, ansonsten geht alles seinen Gang. Die aus diesen Beobachtungen gewonnene Erfahrung hat etwas ausgesprochen Entlastendes: Sie wissen, was Sie erwartet. Dass sich damit Ihre Todesangst auflöst, ist unwahrscheinlich, aber sie könnte noch ein bisschen leichter werden.

Wir haben Angst, weil die Hinterbliebenen leiden

Ein keineswegs seltener Grund für Angst vor Sterben und Tod können Gedanken an den Schmerz oder auch die Hilflosigkeit der

Hinterbliebenen sein. Wenn in einer langen und sehr tiefen Partnerschaft einer der Partner stirbt, kann ihn der Gedanke an den Schmerz des überlebenden Partners mehr ängstigen als alle der weiter oben aufgeführten Gründe. Das antizipierte Leid des anderen ist dann sein Leid, gegen das alle seine Vorkehrungen (die eigene Angst vor Sterben und Tod zu bewältigen) wirkungslos bleiben müssen, da sie ja nur auf ihn selbst zugeschnitten sind. Die Gedanken der sterbenden Mutter an die zurückbleibenden hilflosen Kinder können eine Angst vor Sterben und Tod begründen, gegen die alle der oben genannten Ängste unbedeutend werden.

Gibt es für geliebte Angehörige, Partner oder Freunde einen Trost, wenn wir sterben? Immer wieder wird ja erklärt, dass die Zeit alles heilt und es insofern nur eine Frage der Zeit ist, bis der Schmerz vergangen ist, den die Zurückgebliebenen bei unserem Tod empfinden. Nach meinen Erfahrungen trifft das eher selten zu, und dann meist in den Fällen, in denen die Beziehung eben doch nicht so intensiv war wie gedacht. Bei den meisten klingt der Schmerz ab, natürlich. Aber es bleiben Narben, die auf meist unbestimmte Weise schmerzen und den Zurückgebliebenen schwächen.

Wenn der Sterbende und der Zurückbleibende gläubig sind, können sie sich versichern, dass man sich wieder treffen wird; in einem Jenseits, das man dann aber besser nicht weiter bestimmt. Dann hat der Sterbende keine Angst, weil er den Zurückbleibenden im gemeinsamen Glauben aufgehoben und getröstet weiß.

Nichtgläubige können einen derartigen Zustand vielleicht dann erreichen, wenn sie sich wahrhaftig lieben. Wenn sie einander tief und über lange Zeit und in Schwierigkeiten bewährt verbunden waren, können sie sich beim Sterben des einen Partners gegenseitig belastbar versichern, dass sie weiterhin verbunden sind und dass die Beziehung nicht abreißen wird. Und daraus Trost für den Zurückbleibenden und damit eine Bewältigungsmöglichkeit für die Angst des Sterbenden gewinnen. Allerdings wird sich das Leben des Zurückbleibenden ändern. In der Tat gibt es Zurückbleibende, die über Jahre intensiv mit dem Toten leben, mit ihm reden und ihn zum Beispiel bei wichtigen Entscheidungen befragen. Das kann ein Trost sein und ist gleichzeitig auch eine gute Vorbereitung für das eigene Sterben, wenn die glückliche Wiedervereinigung mit dem Verstorbenen erwartet wird. Ein solches Leben ist aber immer in Gefahr, starr zu werden und die Lebensbezüge zu reduzieren, weil neue Bezüge nicht mehr zugelassen werden. Diese Gefahr ist jedoch zu bewältigen. Wenn Sie sich in Ihrer Umgebung umsehen und offen und einfühlsam auf die zurückgebliebenen Lebenspartner von Verstorbenen zugehen, werden Sie erkennen können, dass es eine derartige, über den Tod fortdauernde Verbundenheit wahrhaft Liebender ab und zu gibt, und dass sie den Tod fast besiegen kann. Denn wahrhaft Liebende sind ein Einziges und Untrennbares, auch für den Tod. Allerdings ist eine solche Liebe ein seltenes Geschenk, auf das niemand Anspruch hat und das fast eine Gnade ist.

Wir haben vor dem Tod Angst, weil wir unser Leben verfehlt haben

Wer feststellt, dass er sein Leben verfehlt oder verfehlt hat, für den ist der Tod eine ständige angstmachende Bedrohung. Denn der Tod hat mit seiner Endgültigkeit zur Folge, dass ein verfehltes Leben nicht mehr korrigiert werden kann. Unsere Todesangst könnte also auch dadurch bedingt sein, dass wir unser Leben verfehlen.

Wer verfehlt sein Leben und wie verfehlt man ein Leben? Nun, eine Verfehlung begeht der, der ein Gebot nicht befolgt oder geradezu übertritt, das uns mit dem Anspruch auf Befolgung gegenübertritt. Das sind zunächst staatliche oder religiöse Gebote, deren Anspruch auf Unbedingtheit aber eher fraglich ist. Denn über diese Gebote wird durchaus gestritten. Der Zeitablauf relativiert alles. Was zu einem Zeitpunkt unbedingt verboten ist, ist zu einem späteren Zeitpunkt nicht mehr verboten und wieder später vielleicht schon erlaubt.

Unbedingtheitsanspruch kommt nur Geboten einer Einrichtung zu, die diesen Veränderungen im Zeitablauf nicht unterworfen ist und gleichzeitig die Bestimmung dessen enthält, was uns als Menschen auszeichnet. Das kann nur unsere Vernunft sein. Die Vernunft führt uns nun zu Folgerungen, die sich uns als Gebote darstellen. Damit entscheiden wir nicht nur viele Fragen des täglichen Lebens, sondern auch solche Fragen, bei denen es darum geht, grundlegende Entscheidungen über Lebensziele oder auch sittlich-moralische Verhaltensweisen zu treffen. Dazu einige Bespiele: Darf die Vermehrung meines Vermögens und ein damit ermöglichtes Leben im Überfluss für mich einziges Lebensziel sein? Oder sollte es nicht doch andere Ziele geben? Darf ich die Arglosigkeit meiner Nachbarin zu meinem Vorteil ausnutzen, auch wenn es keine Gesetze gibt, die mir das verbieten? Mit derartigen Fragen werden Sie immer wieder konfrontiert sein. Der Staat und die Kirchen geben vielleicht Hilfen, aber die Entscheidung trifft letztlich Ihre Vernunft, vielleicht im Zusammenwirken mit Ihrem Gemüt.

Nun gibt es recht unterschiedliche Auffassungen davon, welche Gebote die Vernunft zu den jeweils verschiedenen Fragen gibt. Darüber haben sich die Philosophen aller Zeiten den Kopf zerbrochen. Es würde den Rahmen dieser Schrift sprengen, wollte man auf alle diese unterschiedlichen Auffassungen und ihre Begründung eingehen. Das ist auch gar nicht erforderlich. Denn im Endergebnis läuft die Antwort immer darauf hinaus, dass es entscheidend darauf ankommt, richtig zu leben.

Nun muss man sich natürlich weiter fragen, was es heißt, „richtig zu leben". Das Vernunftgebot „richtig zu leben" hat zwei Teile. Vorausgesetzt ist einmal „zu leben", sodann ist es geboten, „richtig" zu leben. Und nur über diesen ersten Teil des Vernunftgebots besteht über die Menschheitsgeschichte hinweg Einverständnis. Und dabei machen die meisten Menschen dann die Voraussetzung zum Gebot und kommen so zu der Feststellung, geboten sei zu leben. Die Frage des „richtigen" Lebens wird nicht mehr gestellt. Wenn die Vernunft sich darüber hinaus dann doch immer wieder mit Geboten zu einem „richtigen" Leben meldet, werden sie missachtet oder zurechtgebogen. Dazu werden Sie sicher Beispiele finden, vermutlich auch bei sich selbst.

Wer schließlich die Frage nach dem „richtigen" Leben nicht mehr stellt und die Gebote der Vernunft dazu unbeachtet lässt, macht „leben" oder besser „einfach leben" zum Lebensziel. Wer ein derartiges Lebensziel hat, muss sein Lebensziel aber immer verfehlen, wenn er stirbt (denn das beendet „einfach zu leben"). Und da er irgendwann sicher sterben wird, ist der Tod sein Feind, der ihn sein Lebensziel verfehlen lässt. Wer so stirbt (mit „einfach leben" als einzigem Lebensziel) muss Sterben als Kapitulation vor einem übermächtigen Schicksal empfinden. Wer lebt, einfach um zu leben und sich um das „richtige" Leben nicht weiter kümmert, verfehlt sein Leben und liefert sich der Angst vor dem Tod aus.

Wie kann man es erreichen, sein Leben nicht zu verfehlen? Die Lösung kann nur im richtigen Gebrauch der Vernunft liegen. Denn alle anderen Lösungen wären Ihnen von außen bzw. von anderen aufgegeben und dementsprechend umstritten. Dabei kommt es darauf an, Vernunftgebote zu beachten und ihnen darin zu folgen, „richtig" zu leben. Denn ein so bestimmtes Leben erfüllt sich in jeder Sekunde, die es gelebt wird, aus sich selbst. Wann immer der Tod auch kommt, kann er diese Bestimmung des Lebens nicht infrage stellen. Im Gegensatz zu einem Leben, das durch nichts anderes bestimmt ist als „einfach zu leben", denn in einem solchen Leben stellt der Tod immer eine angstmachende Bedrohung dar.

Die Bestimmung von „richtig" hatten wir weiter oben als schwierig und die Ergebnisse als strittig erklärt. Ein entsprechender Versuch ist aber der einzige Weg, in der Bewältigung von Todesangst weiterzukommen. Das ist auch der Grund dafür, dass sich doch immer wieder Menschen damit beschäftigen zu bestimmen, was unter dem Vernunftgebot „richtig" zu leben zu verstehen ist.

Dabei sollten die vielen unterschiedlichen Auffassungen Sie nicht entmutigen. Entscheidendes wäre gewonnen, wenn Sie sich selbst ständig um Klärung der Frage bemühen, was „richtig" heißt. Und zu dieser Klärung auch die Gedanken anderer mit heranziehen. Das ist ein lebenslanger Prozess. Vertrauen Sie Ihrem Gewissen, das Sie führen wird.

Bei einem so verstandenen Gebrauch der Vernunft ist der Tod unbeachtlich. Denn das Gebot beispielsweise, sich vom Streben nach dem Guten leiten zu lassen, bezieht sich ausschließlich auf ein Leben nach diesen Geboten. Auf ein Ziel (dessen Erreichen der Tod immer infrage stellt), kommt es dann nicht mehr an. Der Tod wäre dann für denjenigen irrelevant, der gelernt hat, so von der Vernunft umfassend Gebrauch zu machen. Er weiß von seiner Endlichkeit, lässt sich aber von diesem Wissen in seinem Wollen und Handeln nicht mehr bestimmen.

Allerdings sind Sie vermutlich ein schwacher Mensch wie andere auch. Und sind dann nicht in der Lage, immer „richtig" zu leben, sondern werden oft dem Vernunftgebot nicht folgen und nur „einfach leben" wollen, und das möglichst gut. Dann sind Sie allerdings regelmäßig wieder der Angst vor dem Tod ausgesetzt.

Verlust der Individualität

Wenn wir Angst vor Sterben und Tod haben, haben wir damit das individuelle Sterben im Sinn. Es ist insofern eine individuelle Angst, die sich auf ein individuelles Sterben bezieht. Kaum ein Mensch sieht sein Sterben als ein Absterben eines lediglich kleinen Teiles eines Ganzen, das als solches weiterlebt und in dem er als solches weiterlebt. Diese individuelle Sicht auf Sterben und Tod ist keineswegs selbstverständlich. Es gab in früheren Gesellschaften und Kulturen immer wieder Phasen, in denen das Weiterleben des Ganzen das Entscheidende war. Im frühen Rom fiel der Einzelne im Kampf mit den Feinden Roms in der Gewissheit, dass er selbst weiterlebt als das lebendige, große Gemeinwesen Rom und dass es auf seinen individuellen Tod gar nicht ankommt. Im christlichen Mittelalter war der Einzelne Teil der religiösen Gemeinschaft Kirche und sah sein eigentliches Leben als ein jenseitiges Leben an, in das er sich im Tod mit anderen und in Begleitung der anderen begab, als Auferstehung von den Toten nach einer Übergangszeit. Dieser zur Gewissheit erhobene Gedanke (Teil eines ewigen Ganzen zu sein) hatte die Kraft, die Angst vor dem Tod, wenn nicht aufzulösen, so doch wenigstens zu lindern.

Für den modernen Menschen ist eine solche Sicht auf Sterben und Tod wie in Antike und Mittelalter fast undenkbar. Unsere Eltern, Erzieher, Lehrer und Mitmenschen erziehen uns dazu, uns als einzigartig anzusehen. Wir betrachten es als eine Errungenschaft unserer Vernunft und der Aufklärung, dass wir freie und autonome Wesen sind. Wir wollen uns nicht mehr als Blätter an einem Baum sehen, die im Herbst welken und abfallen und im Frühjahr wieder knospend erscheinen. Obwohl wir doch alle regelrecht an der Erde hängen – in einem durchaus wörtlichen Sinne, Blättern an einem Baum vergleichbar, wobei dieser Zusammenhang nur nicht so offensichtlich ist wie bei einem Baum. Denn wir bewegen uns selbstständig und äußern vermeintlich besondere Gedanken, unterscheiden uns also voneinander. Aber das tun Blätter auch. Niemand würde jedoch auf den Gedanken kommen, einem wohlgeformten und schön gefärbten Blatt (wie es sie zahllos gibt) einen besonderen Wert zuzumessen.

Unser Blick ist auf uns selbst gerichtet. Er geht von unserer Einmaligkeit und Unwiederbringlichkeit aus. Wir messen uns dementsprechend einen Wert zu, der fast grenzenlos ist. Diese Auffassung ist zu einer Selbstverständlichkeit in der Gesellschaft geworden und findet sich dementsprechend auch in allen gesellschaftlichen Vorgängen, insbesondere auch in der Rechtsprechung. Es wäre in der modernen Gesellschaft eine Ungeheuerlichkeit, den Wert eines menschlichen Lebens materiell bemessen zu wollen. Wenngleich natürlich versteckt solche Abwägungen doch immer wieder erfolgen, etwa wenn große Baumaßnahmen die Lebensmöglichkeiten in ganzen Landstrichen beeinträchtigen.

Diese Entwicklung hat den einzelnen Menschen mehr Sicherheit und mehr Freiheit gebracht (mit Schutz des Lebens und mit Freiheitsrechten) und ist unumkehrbar. Sie hat aber auch seine Verletzlichkeit hinsichtlich all dessen erhöht, was diese Einmaligkeit und Unwiederbringlichkeit gefährdet. Unter vielen Gefahren ist der Tod schließlich der Grund, an dem Einmaligkeit und Unwiederbringlichkeit notwendig scheitern. Denn Einmaligkeit und Unwiederbringlichkeit sind für den Tod völlig belanglos. Der Tod zeigt so der Person, dass sie im Grunde eben doch nichts ist und alle Einmaligkeit und Unwiederbringlichkeit nur hohler Schein sind. Die Angst vor dem Tod ist insofern auch ein tiefes Erschrecken vor der eigenen Bedeutungslosigkeit.

Was wäre also zu tun? Verzichten Sie auf die Vorstellung von Einmaligkeit und Unwiederbringlichkeit ihrer Person, die ohnehin nur eine Fiktion ist, da Sie Ihre Lebensgewohnheiten und auch das von Ihnen so hoch geschätzte eigene kritische Denken mit allen anderen mehr oder weniger teilen. Dann sind Sie nicht mehr verletzbar, Angst vor dem Tod (als dem Begrenzer Ihrer Einmaligkeit und Unwiederbringlichkeit) brauchen Sie nicht mehr zu haben, weil Sie dann nichts mehr zu verlieren haben.

Zusammenfassung

Damit haben wir jetzt alle Gründe untersucht, die für Angst vor Sterben und Tod verantwortlich sind oder verantwortlich sein könnten. Immer wieder können wir nur feststellen, dass es vermutlich weitere Gründe für diese Angst gibt und dass jeder nachsinnen sollte, ob er nicht noch einen weiteren Grund findet. Wir sind jeden einzelnen Grund durchgegangen, in dem Wunsch, diesen Grund nicht wirksam werden zu lassen. Das Ergebnis ist letztlich ernüchternd. Wir fanden Folgendes:

Angst vor Schmerzen und Leiden beim Sterben brauchen wir nicht zu haben, bekommen diese Befreiung von Schmerzen und Leiden aber nicht kostenlos, sondern nur um den Preis von Einschränkungen. Unsere Angst vor dem Nicht-Mehr-Dabeisein unter den Menschen ist unauflöslich.

Einiges ist erreichbar, wenn wir Erwartungen an das Leben aufgeben, denn dann kann uns der Tod in Bezug auf die Erfüllung unserer Erwartungen nicht mehr ängstigen. Wenn wir unseren Wert gering setzen, ist die Entwertung im Sterben und durch den Tod weniger schrecklich.

Wenn wir Menschen haben, die uns im Sterben zuverlässig begleiten, ist das Verlassenheitsgefühl weniger ausgeprägt. Aber dafür gibt es kaum eine Sicherheit. Der geliebte Mensch, der uns begleiten wollte, stirbt vielleicht vor uns, sodass wir dann doch allein sind. Und außerdem wäre ein solcher Wunsch an einen geliebten Menschen eigentlich selbstsüchtig und mit Liebe kaum vereinbar, denn der geliebte Mensch müsste dann unter unserem Verlust leiden. Wir wissen, dass wir schon kurze Zeit nach unserem Tod vergessen sind.

Nicht zu entkommen ist der Hilflosigkeit, Vereinzelung und Unheimlichkeit des Todes und der dadurch ausgelösten Angst. Es gibt Möglichkeiten, die durch tiefgehende Verunsicherung ausgelöste Lebensangst als Ursache von Todesangst bis zu einem gewissen Grad zu bearbeiten. Wer mit sich selbst im Reinen ist, hat deutlich weniger Angst vor dem Tod, weil er nicht in dem ständigen Gefühl lebt, die Lebenszeit sei zu kurz und ständig vom Tode bedroht.

Etwas über Sterben und Tod zu wissen, erleichtert unser Los. Nur wem es gelingt, sich selbst und sein Sterben als Teil eines Ganzen zu verstehen, hätte die Freiheit, der Notwendigkeit seines Sterbens zuzustimmen und sich so auch im Sterben frei zu denken. Das könnte vielleicht ermöglichen, die angstmachende Subjektivierung des Todes im modernen Todesverständnis zu überwinden.

Und wir sollten alles daran setzen, zu lieben und geliebt zu werden, denn die Liebe ist sozusagen der Antipode des Todes. Aber eine solche Liebe wäre eine unbedingte Liebe, die letztlich eine Gnade ist. Sie werden kaum allein entsprechend Vernunftgeboten leben können, sondern immer wieder den Verführungen in der Konsumgesellschaft nachgeben und „einfach leben" wollen, und das gut. Und Sie werden Versprechungen der Gesellschaft glauben, die Sie als einmalig und unwiederbringlich bezeichnen, weil Sie den Anforderungen der Gesellschaft entsprechen wollen. Obwohl Sie natürlich wissen, dass Ihre Einmaligkeit und Unwiederbringlichkeit letztlich nur eine Fiktion ist.

Unsere Möglichkeiten sind also sehr begrenzt, mit der Angst vor Sterben und Tod dadurch fertigzuwerden, dass wir die einzelnen Gründe für diese Angst ausschalten. Wir müssen uns also nach weiteren Strategien umsehen, um die Angst zu bewältigen.

Bewältigungsmöglichkeiten für die Angst

Im Folgenden werden wir uns mit Strategien zur Bewältigung unserer Angst vor Sterben und Tod beschäftigen, die völlig unabhängig davon ausgeübt werden können, welche Gründe zur Entstehung der Angst führten.

Verdrängung

Die von fast allen Menschen geübte Strategie zur Bewältigung der Angst besteht darin, dass die Gedanken an Sterben und Tod verdrängt werden. Dies ist ein Abwehrmechanismus, bei dem unbewusst angst- oder auch unlustbesetzte Vorstellungen aus dem Bewusstsein ins Unterbewusste abgedrängt werden. Die Vorstellungen werden gefürchtet und die Auseinandersetzung mit ihnen gescheut, nach der Verdrängung findet eine Auseinandersetzung mit ihnen nicht mehr statt, die angstmachenden oder unlustbesetzten Vorstellungen werden sozusagen auf Eis gelegt. Diese so abgedrängten Vorstellungen haben aber die stete Tendenz, sich wieder ins Bewusstsein zu schieben, eben weil sie unerledigt blieben. So erfordert die Verdrängung einen beständigen Einsatz psychischer Kräfte, um sie aufrechtzuerhalten.

Was wird eigentlich im Falle der Angst vor Sterben und Tod verdrängt? Wie wir gesehen haben, wissen alle Menschen (auch schon kleine Kinder), dass sie sterben müssen. Alle wissen auch, dass der Zeitpunkt dafür offen ist, was umgekehrt heißt, dass der Zeitpunkt jederzeit kommen kann. Wenn man mit den Menschen darüber spricht, wird schnell klar, dass nicht der Tod als solcher verdrängt wird (dass sie sterblich sind, bleibt allen Menschen präsent), verdrängt wird vielmehr die Tatsache, dass der Tod jederzeit und völlig unabhängig vom Lebensalter eintreten kann – mit zunehmendem Alter nimmt lediglich die Wahrscheinlichkeit zu, innerhalb eines bestimmten Zeitraums zu sterben. Als Ergebnis der Verdrängung gehen die meisten Menschen dann davon aus, dass der noch vor ihnen liegende Lebenszeitraum unbegrenzt ist. Das ist oft auch dann der Fall, wenn sie vermeintlich offen über ihr Lebensende sprechen und entsprechende Vorsorgen treffen. Denn ein Verstandeswissen hat gegen Gefühle und Wünsche meist einen schweren Stand.

Nun spräche aber durchaus einiges auch dafür, Gedanken an Sterben und Tod zu verdrängen. Dies ist ein Mechanismus der Abwehr, der relativ einfach ist, wenngleich er natürlich einen beständigen Einsatz erfordert. Und es ist ein Abwehrmechanismus, den die Gesellschaft mit allen Kräften unterstützt. Die Gesellschaft baut darauf auf, dass ihre Mitglieder arbeiten, sparen und sich „etwas schaffen", zum Beispiel ein eigenes Haus, für das sie ein Leben lang ihre Arbeitskraft einsetzen, um es im Alter „sorgenfrei" genießen zu können. Allen wird suggeriert, dass sich eine solche Vorsorge lohnt. Könnte der Gedanke an Sterben und Tod und die vorausgehenden Krankheiten hier nicht lähmend wirken und Fundamente der Gesellschaft gefährden? Das ist aus Sicht der Gesellschaft eine durchaus reale Gefahr.

Die Verdrängung geschieht zwar unbewusst, wird bis zu einem gewissen Grad aber auch gewollt, einfach deshalb, weil andere Lösungsmöglichkeiten (zum Beispiel eine Auseinandersetzung mit dem Thema) bewusst nicht erfolgen sollen. Wenn Sie also die Gedanken an Sterben und Tod verdrängen oder verdrängen wollen, haben Sie zwar zunächst Ihre Ruhe und entsprechen den Erwartungen der Gesellschaft, sollten aber drei Dinge bedenken.

Erstens: Sie haben vielleicht für einige Jahre Ruhe vor einem Thema, das Ihnen Angst macht. Fraglich ist aber, ob Sie die Verdrängung konsequent durchhalten können und ob nicht irgendwann doch Sterben und Tod in Ihr Leben tritt, dann vielleicht mit alles niederwerfender elementarer Gewalt. Mit zunehmendem Alter werden Sie zwangsläufig mit Krankheiten und dem Tod von Altersgenossen konfrontiert, dem Gedanken an Sterben und Tod können Sie im Alter kaum noch entkommen, verdrängen wird immer schwieriger. Vielleicht malt sich jemand aus, dass er bei vollständiger Verdrängung ein Leben ohne einen einzigen Gedanken an Sterben und Tod führt. Und dann eines Tages plötzlich tot zusammenbricht. Das soll es geben, es ist aber sehr selten. Oder jemand malt sich aus, dass er sich nach einem solchen Leben ohne einen Gedanken an Sterben und Tod schließlich selbst das Leben nimmt, wenn Sterben und Tod unabweisbar in sein Leben treten und Verdrängung nicht mehr möglich ist. Mancher legt sich auf eine ganz bestimmte Szene fest: Der Zeitpunkt ist dann gekommen, wenn ihm erklärt wird, dass er Krebs hat und die Ärzte nichts mehr für ihn tun können. Er wird aber nicht wissen können, was für ein Mensch er dann sein wird. Er wird vielleicht an einem Leben hängen, das mit schönen Nichtigkeiten dahinlief und von dem er unter keinen Umständen lassen möchte. Er wird vielleicht mehr Angst haben als er je hatte, wenn, die Verdrängung durchbrechend, Gedanken an Sterben und Tod unabweisbar werden.

Zweitens: Fraglich ist vor allem aber, ob die Gedanken an Sterben und Tod Ihrem Leben nicht auch Gewinn bringen können und die Verdrängung Sie nicht um wesentliche Möglichkeiten Ihres Lebens bringt. Wir haben bereits gesehen, dass der Tod die Vollendung eines Lebens ist und dass das Wissen um Sterben und Tod und die Auseinandersetzung damit ein Leben prägen können. Dieses Leben wird dann keine Ansammlung von Nichtigkeiten mehr sein, denn die immer zu kurze Lebenszeit ist zu schade, um sie mit Nichtigkeiten zu vertun. Das Leben verläuft dann vielleicht nicht mehr so unbeschwert wie bei einer nachhaltigen Verdrängung, gewinnt aber an Tiefgang, den die meisten als eine Beglückung erleben. Nach meiner Erfahrung kann niemand, der sich je intensiv mit Sterben und Tod beschäftigt hat, je wieder von dem Thema lassen. Er wird aber im Laufe der Zeit immer gelassener damit umgehen und kann so seine Angst vor Sterben und Tod viel nachhaltiger bewältigen als jemand, der nur verdrängt hat und im entscheidenden Augenblick vielleicht erlebt, dass seine Verdrängung plötzlich zusammenbricht.

Und drittens: Schließlich ist der eigene Tod (wie immer er auch verstanden wird) für jeden Menschen (soweit er zu einer Selbstreflexion fähig ist) deshalb das wesentliche Thema seines Lebens, da er jederzeit alle Aktivitäten und Pläne beenden kann. Der Tod sollte im Leben also jederzeit ins Kalkül gezogen werden. Mit der Verdrängung des Todes aus Ihrem Leben verlieren Sie einen wesentlichen Maßstab für Ihr Handeln.

Rationale Bewältigung

Sie könnten versuchen, die angstmachenden Gedanken an Sterben und Tod durch Verstandesüberlegungen zu bewältigen. Aus dem Gedanken heraus, dass die Angst einem Denkfehler entspricht. Das ist wiederholt versucht worden, dazu Beispiele:

Der Tod ist für uns ohne Bedeutung

Der Tod hat keine Bedeutung für uns; denn solange wir da sind, ist der Tod nicht da, wenn aber der Tod da ist, sind wir nicht da (Epikur im Brief an Menoikeus). Es handelt sich um einen logischen Beweis, der etwas ausführlicher geschrieben folgendermaßen lautet:

Wer lebt, der spürt etwas.
Und nur wer etwas spürt, der kann Angst haben.
Wer nicht lebt (tot ist), der spürt nichts.
Und wer nichts spürt, der kann keine Angst haben.

Wenn Sie sich diesen Beweis etwas genauer anschauen, werden Sie feststellen, dass damit bewiesen ist, dass Tote keine Angst haben, aber das wussten Sie ja schon. Das zentrale Anliegen Epikurs, dass der Tod keine Angst machen kann, ist damit nicht bewiesen. Denn die Angst, mit der wir uns hier beschäftigen, ist die Angst des Lebenden vor dem Tod. Und dazu sagt Epikur nichts. Der Beweis ist also schon aus diesen Gründen nicht geeignet, die Angst vor Sterben und Tod aufzulösen.

Trotzdem taucht dieser Gedanke immer wieder auf, wenn sich Menschen mit dem Tod beschäftigen. Dabei wird der Gedanke meist reduziert auf „Den Tod trifft man nicht" oder „Leben und Tod begegnen sich nicht". Allerdings sind die Einwände gegen diese „Beweisführung" unverändert: Die Todesangst ist die Angst des Lebenden vor dem Tod, der in der Vorstellung der Menschen sozusagen vorweggenommen wird. Dass man als Toter nichts mehr spürt, vermag da nicht zu trösten.

Auch der Philosoph Ludwig Feuerbach variiert in seinen „Todesgedanken" Epikurs Satz und geht dann noch über ihn hinaus, wenn er erklärt: „Der Tod ist nur Tod für die Lebenden, er ist Nichts an sich, nichts Positives oder Absolutes, er hat keine Realität außer in Deiner Vorstellung und Vergleichung." Das ist die Grundlage für das Paradoxon Feuerbachs, dass der Tod „nur ist, wenn er nicht ist, und nicht ist, wenn er ist". Der Tod ist also nur eine angstmachende Vorstellung für den Lebenden. Das heißt weiter, dass der Tod nichts wäre, wenn es nicht die Vorstellung von ihm gäbe, die Angst macht.

Nicht an den Tod denken

Damit böte sich eine Lösungsmöglichkeit für das Problem der Angst vor Sterben und Tod an: nicht daran denken. Allerdings nicht im Sinne einer einfachen Verdrängung, sondern als Ergebnis einer bewussten Verarbeitung. Denn welchen Einfluss auf mein Leben sollte die Tatsache haben, dass ich irgendwann sterben muss? Diese Tatsache, dass ich irgendwann sterben muss, ist ein Wissen und eine daraus folgende Vorstellung, die mich nur dann in meinem Leben beeinflussen kann, wenn ich es will. Die Angst vor Sterben und Tod ist kein Ereignis, das von außen auf mich wirkt, wie etwa ein Unfall, der mich beschädigt.

Im Unterschied zur Verdrängung (bei der Sie die Angst ins Unterbewusste drängen) gehen Sie hier durchaus rational vor. Dabei setzen Sie allerdings voraus, dass Sie in der Lage sind, über Ihre Vorstellungen frei zu verfügen. Das mag bei rationalen Überlegungen möglich sein, gilt jedoch nicht für Vorstellungen vom eigenen Tod und eigenen Sterben, die wesentlich emotional bestimmt sind und deshalb der rationalen Steuerung nur sehr bedingt unterliegen. Man kann sich vom eigenen Tod nicht einfach abwenden.

Der Gedanke wurde auch literarisch verfolgt. In dem bereits erwähnten Roman von Thomas Mann „Der Zauberberg" lässt der Autor seinen im wesenlosen Schnee erschütterten Helden Hans Castorp zu dem Gedanken kommen: „Ich will gut sein. Ich will dem Tode keine Herrschaft einräumen über meine Gedanken! Denn darin besteht die Güte und Menschenliebe, und in nichts anderem."

Der Philosoph Spinoza (17. Jahrhundert) hat in seiner Ethik (67. Lehrsatz) diese Empfehlung gegeben: „Der freie Mensch denkt an nichts weniger als an den Tod; und seine Weisheit ist nicht ein Nachsinnen über den Tod, sondern ein Nachsinnen über das Leben." Der Satz erscheint nur auf den ersten Blick wie eine einfache Empfehlung. Tatsächlich aber ist es für Spinoza nur möglich, dass ein Mensch nicht mehr an den Tod denkt, wenn er zuvor eine Entwicklung zu einem „freien" Menschen durchlaufen hat. Nur wer frei geworden ist, denkt nicht mehr an den Tod. Und frei ist der Weise, der mit der Vernunft als Lehrmeister seine Leidenschaften bezwungen hat. Ihn ängstigt nichts mehr, er erhofft aber auch nichts mehr. Der persische Dichter Omar Khayyam hat das vor 800 Jahren sehr schön ausgedrückt: „... mir scheint, mein Herz sitzt am richtigen Ort, ich glaube nichts hier und erhoffe nichts dort". Und dann kommen doch wieder Zweifel an der Empfehlung: Spinoza hat diesen Satz immer wieder in Variationen bekräftigt, sodass man eher den Eindruck gewinnt, dass er sich selbst und anderen Mut machen wollte, weil er den verlässlichen Gleichmut eben doch noch nicht erreicht hatte. Letztlich müssen Sie selbst entscheiden, inwieweit ein solcher Satz Sie bezüglich bedrängender Gedanken an den Tod entlasten kann.

Das Leben als beständiges Fortschreiten

Der Tod gehört notwendig zum Leben, das schon biologisch den Tod braucht. Der Tod schafft Platz für neues Leben. Er hält die Evolution in Gang, in der die einzelnen Menschen (als Teile eines großen Ganzen) fortlaufend durch neue, unverbrauchte und im Sinne der Evolution geeignetere ersetzt werden müssen, damit das große Ganze nicht untergeht. Alle Wissenschaft, Kunst und Philosophie braucht den Tod der Wissenschaftler, Künstler und Philosophen, um mit neuen Wissenschaftlern, Künstlern und Philosophen zu neuen Erkenntnissen, Sichtweisen und Einsichten zu gelangen.

Viele Menschen sind überzeugt, dass sich alles menschliche Leben beständig in Richtung eines Zieles entwickelt, das derzeit vielleicht noch unbestimmt ist, im Verlauf der Entwicklung aber immer klarer werden wird. Und für manche Menschen sind die Ziele bereits jetzt klar: ewiger Frieden oder Freiheit, Gleichheit und Gerechtigkeit für alle Menschen. Die Überzeugung, dass sich alles menschliche Leben auf derartige Ziele hin entwickelt, beinhaltet regelmäßig auch die Überzeugung, dass es auf dem Weg dahin auf den einzelnen Menschen gar nicht ankommt. Denn wer sich sicher ist, dass sich die Welt in einer ganz bestimmten Richtung bewegt, ist sich auch sicher, dass sich alles Geschehen mit Notwendigkeit vollzieht, unabhängig von den Hoffnungen und Ängsten des Einzelnen, also auch seiner Angst vor Sterben und Tod. Und wenn dieses Ziel derart ist, dass sich darin alle Hoffnungen der Menschheit vereinen, weil darin alle zerstörerischen Einzelinteressen ausgeschaltet sind, dann kann ein solches Ziel die Kraft haben, den einzelnen Menschen die Angst vor Sterben und Tod zu nehmen. Ideologien haben so Millionen von Menschen zum Kampf mobilisiert, obwohl die Menschen damit rechnen mussten, ihr Leben zu verlieren, lebenslang verstümmelt zu bleiben oder Opfer schwerer Folterungen zu werden.

Allerdings haben die Ideologien ihre Ziele im Gegensatz zu den Religionen zur Überprüfung in der Realität freigegeben und sind daran regelmäßig gescheitert. Denn um die Menschen überhaupt zu bewegen, musste das Ziel jeweils so hochgesteckt sein („ewiger Frieden"), dass es dann realistischerweise nicht erreicht werden konnte, weil die Menschen so sind und so bleiben, wie sie sind. Wer immer sich von einer Ideologie Befreiung von seiner Angst versprach, stürzte früher oder später umso tiefer.

Wissenschaftliche Angstbewältigung

Wie wir gesehen haben, hat die Entwicklung der Vernunft den Menschen das Wissen gebracht, dass sie sterben müssen, und damit die Angst vor dem Tod. Und mit den Mitteln der entwickelten Vernunft wird versucht, diese Angst wieder aufzulösen. Allerdings laufen hier durchaus gegenläufige Prozesse ab. Je mehr sich die Vernunft des Menschen entwickelt, desto mehr nimmt seine Angst vor dem Tod zu, weil er sich immer weiter von seiner Ausgangsposition (Bewusstsein seiner Einbettung in die Natur mit Geburt und Tod als den natürlichen Grenzen seines Lebens) entfernt. Die Entwicklung der Vernunft steigert aber zugleich (über eine Entwicklung der Medizin) seine Möglichkeiten, das Leben zu verlängern und Leiden zu lindern (was seine Angst reduziert). Es ist allerdings noch nicht abzusehen, ob die Möglichkeiten der Vernunft, mit den Mitteln der Medizin die Angst zu reduzieren, jemals diese Angst voll kompensieren werden, die die sich entwickelnde Vernunft erst schafft.

Orientierung an künstlerischen Vorbildern

Sie sollten sich einmal damit beschäftigen, wie Menschen in Romanen, Theaterstücken, Opern und Filmen sterben. Warum? Nun, es ist vielleicht hilfreich zu sehen, wie Künstler, die ja in der Regel über eine große Empathie verfügen, diesen wesentlichen Lebensabschnitt sehen. Dargestellt wird das Sterben und dessen Abschluss: der Tod. Der Tote selbst beschäftigt künstlerische Produktionen meist nicht, berichtet wird nur über die Trauer der Hinterbliebenen.

Einige der unten aufgeführten Werke beziehen sich wesentlich auf Sterben und Tod und die Angst davor und versuchen Wege aufzuzeigen, wie diese Angst bewältigt werden kann. Gehen Sie künstlerische Produktionen aufmerksam durch, vor allem, um die entscheidende Frage beantworten zu können: Wie überwinden Sterbende die Angst?

Literarische Vorbilder

In der Folge eine exemplarische Aufstellung, wie in einigen großen Erzählungen und Romanen der Weltliteratur gestorben wird:

S. T. Aksakov: Bagrovs Kinderjahre

Der Russe S. T. Aksakov, weitgehend erblindet und in die Feder seiner Tochter diktierend, beschreibt in „Bagrovs Kinderjahre" aus der Distanz des alten Mannes mit den Augen eines Kindes den Tod des Großvaters. Die Familie des Jungen erfährt zur Winterszeit von dessen schwerer Erkrankung und macht sich auf eine tagelange, beschwerliche Reise. Sie erreichen das Gut des Großvaters rechtzeitig, am Bett wachen die Angehörigen, der Junge wird vom Großvater gesegnet. Alles vollzieht sich in dem gewohnten, rituellen Rahmen. Sterbender und Überlebende tun das, was beim Sterben (im Russland des 19. Jahrhunderts) zu tun ist. In einem seit Jahrhunderten überkommenen Ritus überwinden Sterbender und seine ihm beistehende Familie die Angst, sie wird gebunden, wie es in psychiatrischer Fachsprache heißt.

Leo Tolstoi: Herr und Knecht

Leo Tolstoi beschreibt in dieser Erzählung, wie Herr und Knecht bei einer winterlichen Reise mit dem Schlitten in einen Schneesturm kommen. Trotz verzweifelten Kampfes entkommen sie dem Unheil nicht. Es gibt einen Punkt, an dem der Herr die Ausweglosigkeit der Situation erkennt, er steht sekundenlang still und stumm. Dann legt er sich entschlossen, alle gesellschaftlichen Unterschiede verwerfend und in einem tiefen menschlichen Mitleid, mit dem Pelz nur unzureichend bedeckt, auf den schon halb erfrorenen Knecht, den er so wärmt und rettet. Er weiß, dass er sterben wird, denkt an sein Leben und seine vielen Unternehmungen und erkennt, wie unwichtig alles war. Eine ruhige Klarheit und das Gefühl der Freiheit ist das letzte, was er bewusst empfindet. Er hat die Angst überwunden, weil ihm im Angesicht des sicheren Todes klar wurde, dass unwichtig ist, was einem selbst Vorteile oder einen Nutzen bringt. Entscheidend ist, Leid zu lindern – das kann eigenes oder fremdes Leid sein. In der gegebenen Situation hatte allenfalls einer die Möglichkeit zu überleben. Der Herr ist derjenige, der die Situation erkennt, nur er ist deshalb derjenige, der das Leid lindern kann. Diese letzte Chance seines Lebens ergreift er.

Leo Tolstoi: Der Tod des Iwan Iljitsch

Hier beschreibt Leo Tolstoi ein Leben, das ganz und gar alltäglich und gewöhnlich und deshalb auch ganz und gar schrecklich war. Gewöhnlich und deshalb schrecklich, weil der Held nichts von seinem Leben verstanden hat, sondern so lebt, wie eben gelebt wird, wie alle leben. Aus dieser Erstarrung, die ein lebendiger Tod ist, muss er gerissen werden. Ein bislang nicht gekannter Schmerz, der sich laufend verstärkt, und einander widersprechende Aussagen der Ärzte lassen ihn zwischen Verzweiflung und Hoffnung schwanken, während er langsam verfällt. Nach einigen Monaten weiß Iwan Iljitsch, dass er sterben wird, während ihn alle anlügen und ihm versichern, er sei bloß krank und müsse sich schonen, um wieder gesund zu werden. Er schreit drei Tage lang vor Schmerzen und Verzweiflung, weil er nicht sterben will. Erst eine Stunde vor seinem Tod kann er sein Sterben annehmen, und an die Stelle des Todes als eines dunklen Loches tritt jetzt ein Licht, das ihm mit einem Male Klarheit über sein bisheriges Leben bringt, mit der Erkenntnis, dass er nicht so gelebt hat, wie er hätte leben sollen, und dass er jetzt nur noch eine einzige Möglichkeit hat, das Richtige, also das Gute zu tun. Zum ersten Mal in seinem Leben erkennt er, worauf es wirklich ankommt, nämlich darauf, das Leid der anderen zu lindern. Er hatte tagelang nichts als sich selbst gesehen, seine Schmerzen und seine Verzweiflung, und deshalb geschrien. Ihm wird klar: Von ihm ist gefordert, das eigene Leid zu ertragen, denn damit kann er die Qual der Familie (die an seinem Schreien zu zerbrechen droht) lindern. Er schweigt. Und ist dann mit einer tiefen Freude erfüllt, die alle Schmerzen abfallen lässt. Und so lässt Leo Tolstoi sein Sterben enden: „‚Es ist vorüber!' sagte jemand, der sich über ihn gebeugt hatte. Er vernahm diese Worte und wiederholte sie in seiner Seele. Der Tod ist vorüber, sagte er sich. Es gibt ihn nicht mehr. Er holte noch einmal tief Luft, hielt mittendrin inne, streckte sich und starb."

Diese viel besprochenen Erzählungen von Leo Tolstoi finden auch Kritiker. Nicht dass etwa die Meisterschaft der Erzählungen infrage gestellt würde. Gefragt wird aber hypothetisch, wie etwa Iwan Iljitsch gestorben wäre, wenn er gewusst hätte, worauf es ankommt, also geliebt hätte und geliebt worden wäre. Wäre er dann ohne Schmerzen gestorben? Woher nimmt Tolstoi die Gewissheit eines guten Sterbens, kann es eine solche Gewissheit überhaupt geben? Ist nicht alles nur eine Hoffnung, die sich auf nichts als unsere Wünsche gründet?

Albert Camus: Die Pest

Albert Camus beschreibt das Sterben des Schriftstellers Tarrou, den die Pest als einen der Letzten bei der abklingenden Epidemie in der Stadt Oran ereilt. Sein Arzt Rieux ist sein Freund. Zunächst bleibt die Diagnose zwischen beiden in der Schwebe. Nachdem Tarrou erklärt: „Nun, ich verliere die Partie", widerspricht ihm Rieux nicht. Tarrou kämpft und Rieux und dessen Mutter begleiten ihn. Alles, was die beiden tun, ist darauf angelegt, ihm den Kampf zu erleichtern, sie kämpfen mit ihm. Er ist nie allein. Kurz vor dem Ende sagt Tarrou „Danke" und dass jetzt alles gut sei. Er hat dabei ein leichtes Lächeln in dem erschöpften Gesicht. Kurz darauf dreht er sich zur Wand und ist tot.

Oper

In den Opern ist dramatischer Höhepunkt oft der Tod der Heldin oder des Helden. Alle Verwicklungen und Verwirrungen können sich lösen und sich erneut verwickeln und verwirren, alles ist vorläufig, erst der Tod ist eindeutig und endgültig. Erst im Tod erweist sich, ob die als bedingungslos beschworene Liebe wirklich bedingungslos ist.

Richard Wagner: Tristan und Isolde

Ein Beispiel dafür ist Isoldes Tod in Richard Wagners „Tristan und Isolde". Isolde stirbt, weil sie die Bedingung ihres Lebens in Tristan gelegt hat. In einer bedingungslosen Liebe ist Bedingung des eigenen Lebens das Leben des Geliebten. Mit Tristans Tod sind die Bedingungen ihres eigenen Lebens nicht mehr gegeben. Ihr eigener Tod ist Isolde selbstverständlich im Angesicht des Todes ihres Geliebten. Sie stirbt ohne Angst. In einer bedingungslosen Liebe gibt es nach dem Tod des Geliebten für eine Angst vor dem eigenen Tod keinen Raum, weil der eigene Tod schon innerlich vollzogen ist.

Giacomo Puccini: Tosca

Erst im Sterben erweist sich, ob das Vertrauen in den anderen bedingungslos war. Auf die Puccini-Oper „Tosca" (die wir weiter oben bereits unter dem Gesichtspunkt betrachtet haben, dass erst der Tod ein Leben und eine Liebe verbindlich werden lässt) wird hier nochmals eingegangen. Der Maler Cavaradossi lässt sich von einem Erschießungskommando ohne Angst zum Richtplatz führen, im Vertrauen auf die Versicherung seiner Geliebten Tosca, es handle sich nur um eine Scheinerschießung. Er stirbt, weil Tosca selbst betrogen wurde, aber sein Sterben ist ohne Angst, weil sein Vertrauen in seine Geliebte bedingungslos war.

Nun werden Sie vielleicht sagen, die Oper (und „Tristan und Isolde" sowie „Tosca" sind Meisterwerke der Opernkunst) erhöht ins Absolute, was es im Leben nur angedeutet gibt. Die Menschen lieben und vertrauen sich, aber bedingungslos? Welche Frau könnte von sich sagen, dass sie ihren Mann bedingungslos liebt, welcher Mann vertraut seiner Frau bedingungslos? Und wenn sie es sagen könnten, dann nur für den Augenblick. Aber morgen? In einem Jahr? Bis dahin kann viel passieren.

Malerei

Unzählige Male wurde das berühmteste Sterben der Weltgeschichte gemalt: das Sterben von Jesus Christus am Kreuz. In allen Museen der Welt finden Sie entsprechende Bilder. Sie sehen, wie Christus gequält wird und leidet. Besonders eindrucksvoll ist in dieser Hinsicht etwa Lovis Corinths Gemälde „Der rote Christus", das Sie in der Neuen Pinakothek in München finden. Fragen Sie sich einmal, wie die Menschen diese Bilder ausgehalten haben. Dieses Leiden und Sterben ist nur erträglich, weil der gläubige Mensch weiß, dass es nicht der Abschluss ist. Christus wird von den Toten auferstehen.

Wenn Sie die Szenen und Bilder aus Literatur, Musik und Malerei an sich vorüberziehen lassen, fragen Sie sich vielleicht, welchen Bezug das alles zu Ihnen hat. Wann, wo und wie Sie sterben werden, wissen Sie ja nicht. Nun gut, noch wissen Sie es nicht. Aber denken Sie daran, dass Ihr Leben eine Art Wanderschaft in einem unbekannten Land ist. Hinter jeder Wegbiegung könnten Sie schon am Ziel und damit am Ende der Wanderschaft sein. Kann man so unbeschwert wandern?

Orientierung am Sterben großer Persönlichkeiten

Wenn man sich am Sterben großer Persönlichkeiten orientieren will, steht man vor besonderen Schwierigkeiten. Da ist einmal der Gedanke, dass eine große Persönlichkeit auch im Sterben die Größe gezeigt haben sollte, die sie zu Lebzeiten gezeigt hat. Natürlich gibt es für diesen Schluss allenfalls eine schwache Begründung. Darüber hinaus ist auch völlig unklar, was Größe im Sterben eigentlich heißen soll. Vielleicht ist damit gemeint, dass die große Persönlichkeit in und mit ihrem Sterben gezeigt hat, dass die Angst vor dem Tod überwindbar ist. Aber bedarf es dazu einer großen Persönlichkeit? Vorstellen könnte man sich eher, dass die Gedanken und Erkenntnisse dieser Persönlichkeiten (ihr Werk) geeignet sind, die Angst vor dem Sterben zu überwinden. Eben weil sie sich mit dieser Angst der Menschen in deren verschiedenen Aspekten in besonderer Weise beschäftigt haben. Ausgewählt wurden aus diesem Grund hier Sigmund Freud als Arzt und Psychologe und Begründer der Psychoanalyse sowie Immanuel Kant als Philosoph. Dabei bleibt aber weiterhin das Problem, dass wir uns auf einen Chronisten beziehen müssen und der Chronist der großen Persönlichkeit deren Sterben eben in seiner Weise gesehen hat.

Freud

Freud, der ein starker Raucher war, entdeckte am Gaumen eine „leukoplastische Geschwulst", deren Natur er eine Zeit lang zumindest bewusst nicht realisierte. Er ließ auf Drängen seiner Freunde eine Operation durchführen, die nicht gut geplant war, vor allem hinsichtlich der Auswahl des Operateurs. Grund dafür war offensichtlich, dass Freud der Auseinandersetzung mit seiner Entdeckung auswich und zu den ersten Untersuchungen eigene Schüler konsultierte, die ihn über die Natur der Geschwulst im Unklaren ließen. Die erste Operation wurde nur unvollständig durchgeführt, es folgten radiologische Bestrahlungen und Radiumbehandlung, die nur Gewebeschäden und Schmerzen verursachten. Freuds langjähriger Arzt Dr. Max Schur legte einige Stellen in Briefen Freuds aus dieser Zeit vor, die belegen, dass Freud wusste, worum es sich handelt. Diese Stellen zeigen aber auch, dass Freud sich gelegentlich einem Abwehrmechanismus überließ, nämlich der Verdrängung, den er eigentlich bei sich überwunden glaubte. Allerdings brach das Wissen um die wahre Natur der Dinge immer wieder hervor, die Verdrängung war also offensichtlich jeweils nur kurz und nur sehr unvollständig. Mehrfach betonte Freud, dass er sich immer wieder an die Realität habe anpassen müssen und auch habe anpassen können.

Da das Krebsgeschwür bei der ersten Operation nur unvollständig entfernt worden war, wurde einige Monate später eine weitere Operation erforderlich, die – mit einer ergänzenden Operation einige Tage später – radikal ausgeführt wurde. Freud erhielt eine Prothese, die ihm ständig Beschwerden machte. Er rauchte weiter. Immer wieder traten Leukoplakien oder präkanzeröse Veränderungen auf, die jeweils chirurgisch behandelt werden mussten. Bis schließlich 1939 eine solche Veränderung nicht mehr entfernbar war. Am 23.09.1939 starb er, nachdem er zuvor seinen Hausarzt an dessen Versprechen erinnert hatte, ihn nicht leiden zu lassen, wenn es sonst keine Hilfe mehr gebe. Er erhielt daraufhin eine für seinen reduzierten Allgemeinzustand hohe Dosis Morphium und starb.

Freud hatte sich schon Jahre zuvor mit dem Tod und insbesondere mit der Todesangst beschäftigt. Er hatte die Todesangst abgegrenzt von der Realangst (nach unserem Verständnis eine Furcht vor realer Bedrohung) und einer neurotischen Angst. Bei der Bestimmung der Todesangst ergab sich die Schwierigkeit, dass der Tod nicht positiv bestimmbar ist. Freud sah alles Leben als unstet und instabil an und unterlegte diese Bestimmung teleologisch: Endziel ist die Überführung des instabilen Lebens in die Stabilität des Todes. Er nahm für diese Überführung das Wirken eines Todestriebes an, dem der Lebenstrieb entgegensteht. Freud hat diese frühen Überlegungen später verändert und in vielen Punkten modifiziert, das Prinzip aber blieb.

Freud kam dann für den einzelnen Menschen zu der folgenden Feststellung: Tiefste Quelle aller Ich-Stärke des Menschen und Grundlage seiner Lebenskraft bzw. Libido (in der der Lebenstrieb wirkt) ist die Gewissheit, von einem starken Über-Ich vollkommen geschützt zu werden (wie es erstmals in der Kindheit durch die liebende Mutter erlebt wurde und wie es jede Liebe immer wieder konstituiert). Wenn das jeder Liebe innewohnende Versprechen eines umfassenden Schutzes ohnmächtig ist, eben weil eine unheilbar zum Tode führende Erkrankung festgestellt wurde, erlebt sich das Ich als verlassen. Es erlebt sich als hilflos ausgeliefert an eine

Macht (den Todestrieb), die die Unstetigkeit des Lebens in die Stetigkeit von Nicht-Leben (also eines anorganischen Zustandes) überführen will.

Wir wissen, dass wir sterben müssen, können aber trotzdem leben, weil wir das Versprechen eines umfassenden Schutzes haben, auch und gerade im Hinblick auf den Tod. Wenn wir realisieren müssen (durch die zum Tode führende Krankheit), dass das Versprechen unerfüllbar ist, und schließlich sogar erkennen, dass das Versprechen immer schon leer war, hat die Lebenskraft (Libido) des Menschen keine Grundlage mehr.

Kant

In seinen letzten Lebensjahren hatte Kant bei fortschreitendem Verfall seiner körperlichen Kräfte eine Zeit, in der er sich bei vollem Besitz seiner Geisteskräfte immer wieder mit Sterben und Tod auseinandersetzte. Dabei kam er als eine der wesentlichen Folgerungen seiner Philosophie zu der Feststellung, dass wir wissen, dass wir nicht wissen können, was nach dem Tod ist. Kant hat dazu ein Bild angegeben, das diese Situation des Menschen festhält: Jemand sitzt mit geschlossenen Augen vor dem Spiegel. Auf die Frage, was er da mache, antwortet er: Ich wollte nur wissen, wie ich aussehe, wenn ich schlafe. Und weiß jetzt, dass ich das nicht wissen kann, denn im Schlaf sind die Augen geschlossen, sodass ich nicht sehen kann, wie ich aussehe.

Eine unsterbliche Seele und eine ewige Glückseligkeit gibt es in der Philosophie Kants. Aber sie sind Ideen der Vernunft und nicht Gegenstand von Erfahrung. Wir können die unsterbliche Seele und die ewige Glückseligkeit also nicht als Gegenstände und Zustände beschreiben. Kant bezieht diese Ideen auf eine intelligible Welt (also eine ausschließlich vernunftbestimmte Welt außerhalb jeder Erfahrung). Sie sind damit begründet, dass die moralischen Gesetze (nach denen wir handeln sollen) nur dann verpflichtende Gebote sein können, wenn die Vernunft mit ihrer Befolgung oder auch Nichtbefolgung angemessene weitere Folgen verknüpft, eben Verheißungen (wie eine unsterbliche Seele und ewige Glückseligkeit) und natürlich auch Drohungen. Die unsterbliche Seele und die ewige Glückseligkeit sind also „eine praktisch notwendige Idee der Vernunft", wie es Kant in der „Kritik der reinen Vernunft" nennt. Es gibt die unsterbliche Seele und die ewige Glückseligkeit nur als Forderungen der Vernunft. Ob es eine unsterbliche Seele und ein Leben nach dem Tod tatsächlich gibt oder tatsächlich doch nicht gibt, ist damit nicht gesagt. Wir können es nicht wissen.

An dieser Stelle sollten Sie innehalten und sich überlegen, welche Kraft diese Gedanken entfalten können. Selbst wenn Sie der Gedankengang Kants überzeugt, bleibt eine so bestimmte ewige Glückseligkeit und unsterbliche Seele leer. Für uns und in unserer Denkstruktur kann es Glückseligkeit nur dann geben, wenn es auch einen Glückseligen gibt, also ein menschliches Wesen, wie wir es kennen. Die unterschiedlichsten Religionen haben deshalb behauptet, dass es die unsterbliche Seele und das ewige Leben bzw. die ewige Glückseligkeit tatsächlich gibt. Das aber ist aus der Vernunft (und schon gar nicht aus der Erfahrung) nicht herleitbar, sondern muss entgegen der Erfahrung und Vernunft geglaubt werden. Allerdings gibt dieser Glaube dem Gläubigen dann auch eine belastbare Hoffnung im Sterben, wenn er in seinem Glauben nicht erschüttert werden kann.

Kant verfiel körperlich über Jahre hinweg und sprach in dieser Zeit gelegentlich von Sterben und Tod. Dabei zeigte er durchwegs eine stoische Grundhaltung, die er wohl eher aus antiken Vorbildern nahm. Autoren wie Seneca schätzte er sehr. Ein Biograph seiner letzten Lebensjahre berichtet, dass er einige Monate vor seinem Tod in der Haltung Senecas seinen Freunden erklärte: „Meine Herren, ich fürchte nicht den Tod, ich werde zu sterben wissen." Seine eigene Philosophie legte ihn auf ein gewusstes Nicht-Wissen-Können bezüglich Seele und Leben nach dem Tod fest, eröffnete ihm aber auch eine Hoffnung, wie weiter oben beschrieben wurde. Einige Stunden vor seinem Tod legte sich der körperlich völlig verfallene Kant in regelmäßiger Lage, wie aufgebahrt, in sein Bett und

änderte diese Haltung nicht mehr. Und ohne erkennbaren Todeskampf wich das Leben langsam aus ihm.

Perspektivwechsel hinsichtlich Sterben und Tod

Der Mensch ist Teil der sozialen Gemeinschaft und ohne diese
Gemeinschaft nicht lebensfähig. Es gibt einige Gewissheiten, die
die Beziehungen zu anderen Menschen bestimmen. Eine dieser
Gewissheiten ist einmal die Gewissheit, geliebt zu werden und
andere zu lieben. Zweitens gebraucht zu werden und andere zu
brauchen. Drittens gesehen, gehört und gefühlt zu werden und
andere zu sehen, zu hören und zu fühlen. Ohne diese Gewissheiten
ist ein Mensch nicht vorstellbar, der seine Existenz doch anderen
Menschen verdankt. Und er wäre auch nicht lebensfähig. Nicht
nur, weil er physisch andere Menschen braucht, zur Bereitstellung
von Nahrung, Kleidung und Wohnung, denn diese Anforderungen
sind von ihm allein allenfalls nur für eine ganz begrenzte Zeit zu
erfüllen. Sondern vor allem, weil er auch psychisch von anderen
Menschen abhängt, ohne die er kein Mensch mehr ist. Rachel Ber-
dach hat die abgrundtiefe Verzweiflung des letzten Menschen, den
der Todesengel als Einzigen auf der Erde zurückgelassen hat, apo-
kalyptisch beschrieben. Es gibt aber noch eine vierte Gewissheit,
die die Menschen verbindet. Das ist die Gewissheit, dass alle Menschen sterblich sind. Diese Gewissheit hat zwei wichtige Folgerungen.

Der Tod beseitigt die Ungleichheit unter den Menschen

Das Leben verteilt seine Gaben ganz unterschiedlich. Es gibt der
einen Frau Schönheit, der anderen nicht, eine ist klug, eine andere
dumm. Alles ist offenbar wahllos über die Menschen ausgestreut.
Dabei ist ein wesentlicher Antrieb der Menschen der Wunsch,
mindestens so gut zu sein wie andere und mindestens das zu haben, was andere haben. Die Menschen vergleichen sich deshalb
beständig mit anderen Menschen und unternehmen viel, um das
zu erreichen, was sie unter Gleichheit verstehen. Was sie aber nie

erreichen, denn die Unterschiede zwischen den Menschen sind unüberwindbar. Das gilt nicht nur für das vorgegebene Aussehen, sondern gerade auch für gesellschaftliche Stellungen, die aus unterschiedlichen Fähigkeiten resultieren. Deshalb wird es immer Menschen geben, die eine Stellung innehaben, die andere nicht innehaben, aber gern innehätten. Weil es immer Menschen geben wird, die in einem bestimmten Augenblick spezielle Fähigkeiten haben, die andere nicht haben.

Da die Ungleichheit nicht zu beseitigen ist, behauptet die Gesellschaft schon zum Selbsterhalt immer wieder, dass zwar nicht jeder gleich ist, aber jeder gleiche Möglichkeiten habe, also jeder seines Glückes Schmied sei. Die Gesellschaft gibt den Vorwurf der Ungleichheit also zurück an den Einzelnen: Er hat seine Möglichkeiten eben nicht genutzt. Damit die Gesellschaft leben kann, soll und muss jeder tätig sein, was er nur dann ist, wenn er in dem Bewusstsein lebt, gegebene Unterschiede zwischen den Menschen seien zumindest zu einem Teil wieder auflösbar oder wenigstens kompensierbar. Allerdings realisieren die Menschen schon bald, dass die Versprechungen der Gesellschaft leer sind, denn trotz aller Anstrengungen werden die sozialen Unterschiede immer noch größer.

In diesem beständigen Sich-Vergleichen erleben sich schließlich alle Menschen zumindest irgendwann als benachteiligt. Denn immer gibt es jemanden, dem sie nicht gleich sind und dem sie gleich sein möchten. Selbst Könige, die sich mit anderen Königen vergleichen, stellen fest, dass andere Könige mehr haben oder stärker sind oder es vielleicht noch einen Kaiser über ihnen gibt, der sich vor einem Papst beugt, der dann bedingungslos den Anweisungen seines Leibarztes folgt.

Das könnte Quelle tiefer Verzweiflung sein, wäre da nicht die Gewissheit: Spätestens mit Ablauf der Lebenszeit ist die Erhebung der einen über die anderen aber vorbei. Der Gedanke hat etwas sehr Tröstliches, dass der Diktator in einigen Jahren tot und alle seine Macht dahin ist. Oder die Alte sieht in der stolzen jungen Frau, die achtlos an ihr vorübergeht, getröstet deren Alter und Tod aufscheinen. Das kann sie deshalb, weil sie die Erfahrung des Vergehens hat, die der jungen Frau fehlt. Ihr Altern hat sie nämlich nicht nur mit Verfall und Leiden bedacht, sondern sie auch gelehrt, dass Altern ein Prozess ist, der schon in der Jugend beginnt, was erst im Nachhinein realisiert wird. Das gibt der alten Frau einen anderen Blick auf den Tod. Sie weiß, dass Jugend und Schönheit zeitlich begrenzt sind und Alter und Tod wieder den Ausgleich besorgen.

Ein verlässliches Versprechen auf Gleichheit gibt nur der Tod, in allerdings ganz radikaler Weise. Aus der Ungleichheit der Menschen wird nicht die gewünschte Gleichheit einzelner Individuen, sondern alles wird schließlich ununterscheidbare anorganische Substanz. Der Trost, den der Tod als Gleichmacher spendet, ist insofern schal.

Sterben und Tod als Garanten für Gerechtigkeit

Der Wunsch nach Gleichheit ist notwendig begleitet von der Forderung nach Gerechtigkeit. Gelitten wird an Ungerechtigkeit, weil Ungerechtigkeit immer als eine Entwertung der eigenen Person erlebt wird, die schon aus Gründen der Selbsterhaltung niemand hinnehmen will. Es kommt also entscheidend darauf an, dass die Gesellschaft gerecht vorgeht. Es sollen hier keine langen Ausführungen über den Gerechtigkeitsbegriff folgen. Es reicht schon die allgemeine Feststellung, dass eine Gesellschaft dann gerecht ist, wenn sie jedem zur Verfolgung seiner Wünsche die für seine Fähigkeiten geeigneten Mittel und Hilfen zur Verfügung stellt, um die gegebenen Unterschiede zwischen den einzelnen Menschen zumindest zu einem Teil auszugleichen. Und wenn sie jeden Menschen in Ansehung seiner Möglichkeiten zu Leistungen für die Gesellschaft heranzieht. Allerdings ist Ungerechtigkeit für die Menschen nicht nur eine konkrete eigene Beeinträchtigung, häufig sehen sie darin auch ein unzulässiges oder sogar bösartiges

Tun anderer Menschen, das sie als gegen sich gerichtete Aggression erleben. Sie erreichen eine Beförderung nicht, die andere erreichen, sie zahlen Steuern, die andere nicht zahlen, und zwar jeweils deshalb, weil sich die anderen über Gebote oder gar Gesetze hinwegsetzen. Besonders schlimm leiden die Menschen dann, wenn sogar eine körperliche Beeinträchtigung (zum Beispiel eine Erblindung aus ungeklärter Ursache oder eine unheilbare Krankheit) oder ein zufälliger Unfall als Ungerechtigkeit erlebt wird. Diese Menschen hadern dann mit der ganzen Gesellschaft oder sogar mit Gott. Insofern fühlt sich praktisch jeder zu irgendeinem Zeitpunkt ungerecht behandelt.

Gerecht wäre nur der Tod. Er betrifft jeden. Allenfalls der Zeitpunkt seines Eintritts variiert etwas. Aus diesen Überlegungen heraus wäre der Tod zu schätzen als derjenige, der die Ungerechtigkeiten des Lebens korrigiert. Das könnte Sie sogar dazu bringen, dem Tod dankbar zu sein, wenn Sie unter Ungerechtigkeiten leiden. Der Tod wäre dann Ihr heimlicher Freund, bei dem Sie sicher sind, dass er auf jeden Fall eingreifen wird. Denken Sie dazu an die vielen Millionen Unterdrückter und Geknechteter in der Menschheitsgeschichte, für die es realistische Aussichten auf Besserung ihres Zustandes nicht gab. Einzig der Tod gab ihnen Trost: die Gewissheit des eigenen Todes als die Gewissheit, dass ihr Leiden irgendwann endet, und die Gewissheit des Todes der anderen als die Versicherung, dass auf der Welt Gerechtigkeit herrscht, sei es auch nur in dem Sinne, dass alle ohne Unterschied irgendwann einmal nicht mehr sind. Wer sonst außer dem Tod schafft Gerechtigkeit? Es sei denn, Sie glauben an einen allmächtigen, allwissenden und gerechten Gott, der irgendwann einmal für Gerechtigkeit sorgen wird, auch wenn jetzt davon noch nichts zu sehen ist. Dann bedürfte es des Todes – aus diesem Grunde zumindest – natürlich nicht mehr.

Der Tod löst unsere Leiden

Viele Menschen leiden, und zwar auf Dauer. Es sind nicht nur körperliche Schmerzen, die sie quälen. Sehr viel häufiger leiden sie unter Kränkungen, Zurücksetzungen, Beschämungen und Verlusten, die sie seelisch nicht bewältigen konnten. Nehmen wir die Kränkung eines Mannes, der bei einer Beförderung übergangen wurde. Nun hat die menschliche Natur die Tendenz, Leiden aufzulösen. Dazu nimmt sie alle ihr zur Verfügung stehenden Mittel, vor allem den Zeitablauf und die Möglichkeit, Leiden zu relativieren. Der bei der Beförderung Gescheiterte wird von einem Freund belehrt, dass es auf Erfolg nicht ankommt und andere Werte zählen, wie zum Beispiel Familie und Freunde. Und tatsächlich erlebt der bei der Beförderung Gescheiterte dann in seinem Verein Anerkennung und Bestätigung, und seine Familie kümmert sich um ihn. Er erfährt überall Zuspruch. Aber nichts hilft, die Kränkung sitzt zu tief. Nichts erreicht sie. Es ist, als ob ein Brunnen unwiederbringlich vergiftet wurde, der noch voller Wasser ist. Oder der Verlassene, der sich zurückgezogen hat und niemanden mehr sehen will. Diesem Armen wird erklärt, dass es anderen noch schlechter geht als ihm und dass er es in der Hand hat, sein Los zu ändern. Aber er hat nicht die Möglichkeiten, sein Leben zu ändern und kann auch nicht einsehen, dass es anderen noch schlechter geht. Sein Los kann nur eine ändern, nämlich die, die ihn verlassen hat. Die aber ist der einzige Mensch, der ihm nicht helfen will und vielleicht auch nicht helfen kann. Für alle diese Verbitterten könnte der Tod ein Trost sein, bedeutet er doch das Ende ihrer Leiden. Was dann doch kein Trost ist, sondern Angst macht, weil es eine Auflösung ihrer Verletzung auf Dauer unmöglich macht. Und das wäre im Selbstverständnis des Verbitterten die einzig mögliche Lösung.

Der integrierte Tod

Es gibt Menschen nur, weil es schon vor ihnen Menschen gab. Für unsere Untersuchung ist es müßig nachzuforschen, wann und unter welchen Bedingungen es den ersten Menschen gab und ob es überhaupt einen ersten Menschen gab und sich die Menschen nicht vielmehr in einer Folge kontinuierlicher Veränderungen entwickelten. Ein Mensch ist jedenfalls nicht ohne andere Menschen vorstellbar, und irgendwie sind alle Menschen (die Menschheit) letztlich verbunden, auch wenn die gemeinsame Wurzel nicht mehr auffindbar ist. Wenn man dafür ein Bild finden will, könnte man an einen Baum denken, der sich aus einem kleinen Pflänzchen zu einem alles ausfüllenden riesigen Baum entwickelt und der, um zu wachsen, regelmäßig Blätter abwerfen muss. Dieses „Sterben" der Blätter ist Bedingung für Leben und Wachsen des Baumes.

Wenn man dieses Bild wieder zurück überträgt auf die Menschen, lebt und entwickelt sich die Menschheit, weil die einzelnen Mitglieder sterben und neue Mitglieder nachwachsen. Sterben und Tod der einzelnen Menschen (der Blätter an dem Baum) sind also notwendige Bedingungen für die Entwicklung der Menschheit. Wohin sich die Menschheit entwickelt und ob sie als solche nicht auch irgendwann einmal „stirbt", soll uns hier nicht interessieren.

Die Angst eines einzelnen Menschen vor Sterben und Tod wäre dann vergleichbar der Angst eines Blattes (wenn man metaphorisch einem Blatt „Angst" zugestehen will) in Anbetracht seines Verwelkens. Der einzelne Mensch sieht nur sich selbst und hat das Ganze aus dem Blick verloren. Das war zu früheren Zeiten anders. Soweit wir etwas über frühe Kulturen wissen (aus Betrachtung primitiver lebender Kulturen mit Rückschluss auf frühere Kulturen, aus Betrachtung von noch verfügbaren Zeugnissen dieser frühen Kulturen), waren Sterben und Tod integraler Bestandteil des Lebens der Menschen in diesen Kulturen. Das Sterben war öffentlich, die Gemeinschaft nahm daran teil. Jeder im Ort wusste vom Sterben eines Mitglieds der Gemeinschaft, besuchte ihn und bekundete nach Eintritt des Todes Trauer. Diese öffentlich bekundete Trauer jedes Mitglieds der Gemeinschaft hatte drei Gründe, die der Gemeinschaft allerdings nicht bewusst waren:

Zum einen hatten frühe Kulturen und Gemeinschaften das verinnerlichte, alles Handeln bestimmende Wissen darum, dass den Belastungen und Gefahren einer als feindlich erlebten Umwelt nur durch unbedingten Zusammenhalt standzuhalten war. Zum anderen bedeutete aus diesem Wissen heraus Sterben und Tod eine Schwächung der Gemeinschaft durch Verlust eines Mitglieds, sodass Sterben und Tod immer auch eine Bedrohung der Gemeinschaft war. Schließlich war Sterben und Tod für die Gemeinschaft auch deshalb eine Bedrohung, weil damit die Natur elementar in die Gemeinschaft einbrach und klar wurde, dass die Natur eben doch nicht gezähmt war und vielleicht nie gezähmt sein würde. Diese Bedrohung musste allen vor Augen geführt (öffentliches Sterben) und rituell gebannt werden (Trauerzeremonien). Dabei war es für die Gemeinschaft durchaus von Bedeutung, welchen Wert sie dem Sterbenden zumaß. Dementsprechend waren die Riten der Gemeinschaft unterschiedlich gestaltet.

Wer in diesen früheren Zeiten so von der Gemeinschaft begleitet starb, wusste sich als Teil einer Gemeinschaft, die als solche eben nicht starb und in der er in Kindern und Kindeskindern weiterlebte. Da war es dann auch nicht weit bis zu der Vorstellung, dass die Toten die Lebenden wie in einem Schattenreich begleiten und sich gelegentlich noch den Lebenden mit Mahnungen zeigen. Wobei die Lebenden aber immer darauf achteten, dass die Toten ihr Schattenreich nicht oder nur unter genau bestimmten Bedingungen verlassen konnten, denn ein Zusammenleben von Lebenden und Toten ist ausgeschlossen, ebenso wie ein gemeinsames Auftreten von Licht und Finsternis. Dass dieses Schattenreich im Lauf der Jahrtausende immer weiter ausgestaltet wurde, verwundert kaum. Schließlich braucht die menschliche Fantasie eine Anschauung, die sie nur entsprechend ihrer Erfahrung auf der Erde bilden kann. Und zu der dringend erforderlichen Bestätigung der Existenz dieses Schattenreich gibt es immer wieder Kunde, so wenn einzelne Tote erscheinen und aus dem Schattenreich berichten. Wer so starb, in dem sicheren Bewusstsein, nach seinem Tod im Schattenreich weiterzuexistieren und die Lebenden zu begleiten, der konnte ohne Angst sterben. Denn er fand Ruhe, die er im Leben nicht hatte und war doch dabei, wenn auch nur als stummer und unsichtbarer Begleiter, der – vielleicht – gelegentlich mahnen konnte.

Man kann diese Vorstellungen das Modell eines integrierten Todes nennen. Der Tod ist integraler Bestandteil des Lebens. Der Tote ist notwendig weiterhin dabei und begleitet das Leben, wenngleich in einem Schattenreich, in dem er früher Verstorbene und die später Sterbenden trifft. Tod und Leben bilden eine Einheit für den, der sich als Teil einer Gemeinschaft weiß, deren Weiterleben auf seinem und dem Tod aller anderen aufbaut.

Diesen Vorstellungen gegenüber steht die Vorstellung des Todes als eines individuellen Todes. Hier ist das Wissen verloren gegangen, dass das Sterben und der Tod der Einzelnen Grundlage für das Weiterleben der Gemeinschaft sind. Dieses Wissen ging in dem Maße verloren, in dem wir ein Bewusstsein von uns selbst entwickelten. Je differenzierter und genauer jeder sich selbst sah und je mehr sich jeder in seiner Beziehung zur Welt und zu den anderen problematisierte, desto mehr entwickelte sich ein Gefühl der eigenen Einzigartigkeit und desto mehr entfernte sich der Betreffende von der Gemeinschaft. Der Tod, der diese Einzigartigkeit zum Einsturz bringt, wurde so zu einem Übel. Diese Vorstellung des individuellen Todes ist also im Grunde dafür verantwortlich, dass wir Angst vor dem Tod haben. Und dabei haben wir ja gar keine Wahl. Die Entwicklung unseres Bewusstseins ist ein zwangsläufiger Prozess, der in dem Augenblick in Gang gesetzt wurde, in dem wir zu denken begannen und damit die immer weiter fortschreitende Vorstellung unserer Einzigartigkeit entwickelten. Die Todesangst wäre danach der Preis dafür, dass dieser Prozess in Gang gesetzt wurde. Das würde dann sogar bedeuten, dass Todesangst durch Denken nicht zu überwinden wäre und alles Denken die Angst nur noch verschlimmerte.

Entscheiden Sie selbst, ob Sie diese Überlegungen nachvollziehen können. Und ob sie Ihnen bei der Überwindung der Todesangst helfen können. Gibt es ein Zurück zum integrierten Tod? Bedenken Sie bei Beantwortung der Frage, dass Sie diese Frage nicht für sich allein entscheiden können. Ein integrierter Tod inmitten der Gemeinschaft setzt eine entsprechend strukturierte Gesellschaft voraus, die es heute nicht mehr gibt. Wenn Sie auf den Gedanken kämen, öffentlich zu sterben (sich zum Beispiel zum Sterben in München auf eine Bank vor dem Nymphenburger Schloss zu setzen – kein völlig abwegiger Gedanke, schließlich ist in unmittelbarer Nähe ein Krankenhaus mit einer Palliativstation, die ein Sterbender vielleicht verlassen möchte, möglicherweise aber verfolgt von einer Schar entsetzter Ärzte und Schwestern), würden Sie vermutlich Ablehnung oder gar Abscheu begegnen, vielleicht sogar Ekel, wenn das Sterben von Schreien und Gerüchen begleitet ist. Sie leben in einer Zeit, in der es den Tod für die Öffentlichkeit nur noch in Romanen, Zeitungen und Filmen gibt. Nur einige Fachleute sind neben den jeweiligen Freunden und Familienangehörigen mit der Versorgung Sterbender befasst. Die Gesellschaft will es so. Ein integrierter und öffentlicher Tod wäre eine Beleidigung für den Machtanspruch einer Gesellschaft, die stolz darauf ist, die Natur zu beherrschen. Diesem Machtanspruch entzieht sich der Tod hartnäckig. Ein integrierter, angstfreier Tod wäre insofern nur vorstellbar inmitten einer relativ homogenen Gemeinschaft, die sich als eine Art lebender Organismus versteht, in der der Tod der einzelnen Mitglieder notwendige Bedingung für das Leben und Weiterleben der Gemeinschaft ist. Gibt es solche Gemeinschaften? Das mag sein, zum Beispiel im kirchlichen Bereich, allerdings können Sie eine derartige Gemeinschaft nicht einfach zum Sterben aufsuchen. Sie müssen vorher durch langjährige Mitgliedschaft hineingewachsen sein – erst dann sind Sie ein Teil der Gemeinschaft und nur dann können Sie integriert sterben. Dieser Weg steht also nur jemandem offen, der schon als Lebender und nicht erst als Sterbender verzichten gelernt hat, um Teil der Gemeinschaft zu sein.

Bleibende Werke schaffen?

Aber leben denn die Schöpfer großer Werke der Malerei, der Musik oder der Literatur nicht wenigstens eine Zeit weiter in ihren Werken? Es muss ja nicht gleich Michelangelo sein. Ist nicht auch ein Gemälde von Emil Nolde zumindest für Jahrhunderte Erinnerung an diesen individuellen Menschen? Natürlich werden die Gemälde dieses Malers sorgfältig in Museen verwahrt und immer wieder von Menschen besucht. Es gibt Biographien über ihn, er ist Held in Romanen, die ihrerseits wieder Werke sind, die an ihren Schöpfer erinnern. Also sollte doch die von der Gesellschaft gepflegte Erinnerung an die Schöpfer großer Werke wenigstens diesen schöpferischen Menschen die Gewissheit geben, den Tod zumindest etwas besiegt zu haben?

Leider ist auch diese Hoffnung eitel. Vielen dieser Künstler, Musiker oder Schriftsteller war zu ihren Lebzeiten gar nicht absehbar, dass die Gesellschaft ihre Werke als wertvoll bewahren würde. Einen Trost daraus konnten sie im Sterben nicht ziehen. Und selbst wenn die Gesellschaft den Künstlern, Musikern oder Schriftstellern schon zu deren Lebzeiten signalisierte, dass ihre Werke als wertvoll bewahrt würden, wäre daraus nur ein schwacher, wenn nicht hohler Trost zu ziehen. Denn je länger die Erschaffung eines Werkes zurückliegt, desto mehr verschwindet der individuelle Mensch, es bleibt nur ein Name. Wer war Homer? Und irgendwann einmal stellt sich auch bei ihm (der sich seiner Bedeutung doch so gewiss war) die Frage: Wer war Thomas Mann? Und was bleibt Ihnen, der Sie kein Werk geschaffen haben, das die Gesellschaft bewahren wird?

Möglichkeit eines Weiterlebens nach dem Tod?

Sterben und Tod hätten ihren Schrecken verloren, wenn Sie durch besondere Gedankengänge oder Erfahrungen zu der Überzeugung gelangen könnten, dass Sie entgegen allem menschlichen Wissen (wie es weiter oben vorgestellt wurde) nach dem Tod doch weiterleben, es den Tod (wie wir ihn kennengelernt haben) für Sie also gar nicht gibt. Dabei spielte es keine Rolle, ob Sie (und andere) tatsächlich weiterleben. Entscheidend wäre allein Ihre persönliche Überzeugung. Denn nur auf diese (unerschütterliche) Überzeugung käme es an, um daraus beim Sterben einen Trost zu ziehen. Die Frau eines Freundes erklärte mir mit ruhiger Gewissheit: „Angst vor dem Tod habe ich nicht. Ich weiß, dass ich mich in einem neuen Leben in neuer Gestalt, in einem Astralleib, unsichtbar für die Lebenden, in der Welt bewegen werde, ohne Schmerzen und Leiden, für immer." Natürlich habe ich mich gehütet, diese wunderbare Überzeugung, die durch ein ganzes Tal von Tränen trägt, infrage zu stellen. Ich habe auch nicht versucht herauszufinden, wie diese Frau zu dieser Überzeugung kam. Wer allerdings erst bewusst zu dieser Überzeugung gelangen wollte, hätte Voraussetzungen zu bewältigen, die durch die Struktur unseres Denkens (also die vorgegebene Art, wie wir denken) gegeben sind.

Zunächst müssten Sie sich darüber klar werden, ob und gegebenenfalls wie eine Welt ohne Tod überhaupt zu denken wäre. Leben ist Unterschied und Unterscheidung, ist ständige Veränderung. Individuelles menschliches Leben ist zusätzlich Hoffen und Bangen, Lieben und Leiden von Menschen, die altern und irgendwann krank werden und sterben. Menschliches Leben ist also Bewegung, die irgendwann begonnen hat und irgendwann endet. Dabei vollzieht sich die Bewegung in einer ganz bestimmten Weise (Altern mit fortschreitendem Verfall), die erkennen lässt, dass die Bewegung auf ein Ziel zuläuft. Das Leben hat ein Ziel und braucht dieses Ziel auch, um menschliches Leben zu sein. Dieses Ziel ist der Tod. Eine Welt ohne dieses Ziel, also ohne den Tod, müsste eine Welt ohne Bewegung und ohne Veränderung, ohne Lieben und Leiden sein. Eine Welt ohne Tod wäre paradoxerweise also eine Welt ohne Leben. Sie bekommen das eine nicht ohne das andere. Der Tod ist sozusagen der Preis, den Sie für Ihr Leben zahlen.

Das wäre sehr ernüchternd. Denn dann müsste, wer leben will, auch sterben wollen, anders könnte er gar nicht leben. Und unsere

Untersuchung wäre am Ende. Es fragt sich also, ob es nicht doch eine Möglichkeit gibt, Leben ohne Tod zu denken. Wäre Leben ohne Tod vielleicht als ewige Wiederholung zu denken? Wir kommen so zu einer Vorstellung, die wir kennen: Wir werden gezeugt, wachsen heran, altern und sterben, wandeln uns in eine anorganische Substanz, aus der wieder organische Substanz wird, als Baustein eines neuen Lebens, das gezeugt wird, heranwächst, altert und stirbt und so weiter.

Wir sehen sofort, dass wir so nicht weiterkommen. Denn in einer solchen Wiederholung endet das individuelle Leben mit dem Tod, der uns ängstigt. Anders aber können wir eine Wiederholung nicht denken. Ständig in gleicher Gestalt und als gleiche Person das Gleiche tun, wäre kein Leben, da Leben Veränderungen voraussetzt, die einen Anfang und ein Ende haben müssen. Unsterblichkeit mit einem Leben, wie wir es kennen, ist nichts, das sich als ein Faktum denken ließe.

Denkbar wäre allenfalls noch, dass es nach dem Tod ein Leben gibt, das nicht mehr körperlich ist. Wie sollte dieses Leben aussehen? Sie haben nur die Möglichkeit, sich dieses Leben (so Sie es ein Leben nennen wollen) entsprechend der Struktur Ihres Denkens und Ihrer Erfahrung vorzustellen. Danach könnte es nur so beschaffen sein, dass es nichts mehr enthielte, was Ihnen ein Tod nehmen kann, also keine Bewegungen, keine Unterscheidungen, keine Veränderungen, kein Hoffen und Bangen, kein Lieben und Leiden – selbst Denken, wie Sie es kennen, könnte es nicht mehr geben. Und das auf ewig. Wie hätten Sie sich sich selbst vorzustellen in diesem Leben ohne Körper? Gäbe es Sie selbst überhaupt noch als ein bestimmtes Individuum mit einer eigenen Geschichte? Körperlos könnte es ein individuelles Bild von Ihnen nicht mehr geben. Könnten Sie Erinnerungen aus Ihrem bisherigen Leben mitnehmen in dieses neue Leben? Vielleicht. Aber was wäre das für Sie wert? Sie könnten ein Versäumnis oder Missverständnis nicht mehr korrigieren, todlos wäre alles abgeschlossen. Dieses so vorstellbare Leben wäre kein Leben, wie Sie es kennen und an dem Sie hängen. Dieser Vorstellung eines Lebens nach dem Ende des Lebens (Tod) liegt der Wunsch zugrunde, das Unvereinbare (Leben und Todlosigkeit) könnte doch vereinbar sein. Leben ist aber ohne Tod nicht zu haben.

Menschliche Seele

Sie werden jetzt verstehen, dass sich die Menschen immer mit der Frage beschäftigt haben, ob der Mensch nicht mehr ist als ein vergänglicher Körper. Und immer wieder sind sie zu dem Schluss gekommen, dass der Mensch neben dem vergänglichen Körper einen unvergänglichen Teil hat, den sie zumeist Seele genannt haben. Was gibt es an Argumenten für eine Seele?

Die Erfahrungen des einzelnen Menschen und aller Wissenschaft belegen zunächst nur, dass der Mensch nicht mehr ist als ein Körper, der sich nach Eintritt des Todes in anorganische Bestandteile auflöst. Ein berühmter Chirurg hat einmal erklärt, er habe viele menschliche Körper geöffnet, eine Seele habe er nie gefunden. Eine solche radikale Vereinfachung (aus einer radikal vereinfachten Weltsicht) hat die Menschen aber letztlich nicht überzeugt.

Gesucht haben die Menschen die Seele mit ihrem Denken: Aus zum Teil komplizierten Denkoperationen haben sie auf eine Seele (oder auf einen unvergänglichen Teil) des Menschen geschlossen. Damit haben sich die Menschen seit Anbeginn beschäftigt, viele große Denker haben sich daran versucht. Hier nur einige Beispiele von Denkoperationen, die etwas Unvergängliches im Menschen, eben die Seele, belegen sollen.

Antike Philosophen

Wenn es den Tod gibt, muss es auch Leben geben, Tod und Leben müssen in einem Kreislauf verbunden sein, andernfalls gäbe es nur eine Richtung auf den Tod. Man müsste dann erklären, warum etwas einmalig entstanden und danach endgültig untergegangen ist. Der Tod überführt Leben in anorganische Stoffe, aus denen wieder Leben entsteht. Da das Leben etwas hat, was der anorganische Stoff nicht hat, muss man schließen, dass dieses Etwas (eben die Seele) zu dem anorganischen Stoff hinzugetreten ist (damit ein lebender Körper entsteht) und den Körper nach dem Tod wieder verlässt, um dann später wieder in einen anderen anorganischen Stoff einzutreten.

Oder: Wir können uns nur deshalb in der Welt bewegen, weil wir ein Wissen haben, das uns vor aller Erfahrung gegeben ist, das wir also nicht durch Erfahrung haben. So können wir zum Beispiel in der Welt nur deshalb Vergleiche anstellen, weil wir vor aller Erfahrung ein Wissen von Gleichheit haben. Träger dieses Wissens ist die denkend-erkennende Seele, die sich erinnert, dieses Wissen vor der Vereinigung mit dem Körper in einem Reich der Ideen erworben bzw. geschaut zu haben.

Kant

Jede ethische Begründung (unabhängig davon, wie sie begründet wurde) braucht eine Einrichtung, die ethisches Fehlverhalten sanktioniert. Eine Einrichtung zur Sanktion ethischen Fehlverhaltens müsste ausnahmslos jeden und jedes Fehlverhalten treffen und gerecht schlechthin sein. Einrichtungen der menschlichen Gesellschaft und Sanktionen an der körperlichen Person sind dazu nur sehr bedingt geeignet, da es in der Welt oft sehr ungerecht zugeht. Immer wieder erleben wir, wie Verbrecher ihrer Strafe entgehen. Damit Gerechtigkeit herrscht, muss man sich aus Vernunftgründen eine unsterbliche Seele und einen die Seele richtenden allmächtigen und allwissenden Gott als erforderlich denken.

Driesch

Die übliche Auffassung betrachtet den Menschen als eine Einheit. Das, was an ihm nicht körperlich ist und was uns als sein geistig-mentales Leben begegnet, wird als aus dem Körperlichen entstanden gedacht, auch wenn wir das nicht im Einzelnen belegen können. Nach dieser Auffassung wäre der Mensch vollständig Teil der Natur, und damit wäre auch eine vollständige naturgesetzliche Erklärung des geistigen Menschen gegeben. Diese Auffassung steht aber vor dem Problem, erklären zu müssen, warum Menschen hoffen und bangen, lieben und leiden und vor allem auch bereuen können. Eine Erklärung des geistigen und körperlichen Menschen als eine vollständige, naturgesetzliche Einheit würde dafür keinen Platz lassen. Denn das Hoffen des Menschen geht über das hinaus, was üblicherweise als Hoffnung bezeichnet wird. Damit ist in der Regel ein Wünschen gemeint, das sich auf ein Geschehen in der Welt bezieht. Das eigentliche Hoffen des Menschen aber übersteigt dieses Wünschen, es zielt darauf ab, nicht mehr in das Geschehen in der Welt einbezogen zu sein.

Das Freiheitsargument

Wir haben gesehen, dass Verstehen die besondere Eigenschaft des Menschen ist, sich und seine Stellung in der Welt immer wieder neu zu bestimmen. Die Fähigkeit zu verstehen ist eine wesentliche Begründung seiner Freiheit. Freiheit in diesem Sinne stellt den Menschen über die Naturgesetzlichkeit der Welt. Mit dieser Fähigkeit hat der Mensch mehr als einen der Naturgesetzlichkeit der Welt unterworfenen Körper. Diesen den Körper übersteigenden Teil können wir Seele nennen, die zunächst nur negativ bestimmt ist als etwas, das zum Körper hinzukommt und nicht zusammen mit dem Körper vergeht.

Zusammenfassung

Sie haben eine Auswahl an Argumenten erhalten, mit dem das menschliche Denken erweisen will, dass der Mensch nicht nur Körper ist, sondern einen Teil hat, der nicht der Auflösung in anorganische Bestandteile unterliegt. Bewerten Sie die Argumente.

Wirklich etwas gewonnen wäre aber nur, wenn dieser möglicherweise nicht der Naturgesetzlichkeit unterworfene Teil des Menschen, also die Seele, nach dem Tod weiterlebt mit der Geschichte und den ganz speziellen Eigenheiten der individuellen Person. Das

Weiterleben einer Seele, die keinerlei Beziehungen zu dem Verstorbenen hat und von ihm nichts weiß, wäre kein Weiterleben. Es muss (wenn es ein Weiterleben sein soll) also eine Beziehung zwischen dem Verstorbenen und der weiterlebenden Seele geben, die Seele muss also individuell bestimmt sein, sie muss die Erinnerungen und die Eigenschaften des Verstorbenen bewahren. In dieser Bestimmung wäre der Tod des Menschen also nur Untergang des Körpers, der Tod also nur ein irdischer.

Wieder zwingt das menschliche Denken zu einer Frage, und zwar zu der Frage, wie und wo die Seele des Menschen weiterleben könnte. Auch darüber hat sich die Menschheit immer schon Gedanken gemacht. Wir werden hier bei der im europäischen Raum gebräuchlichen Vorstellung eines Jenseits bleiben. Damit wir sinnvoll von einem Weiterleben sprechen können, müssen wir also klären, ob und wie wir uns mit den Möglichkeiten unseres Denkens ein Jenseits vorstellen können.

Wenn es im Jenseits ein Leben geben soll, wie wir es kennen, setzt das Bewusstsein, Denken, Gedächtnis und die Fähigkeit voraus, Wünsche entwickeln zu können und Gefühle zu haben. Diese Fähigkeiten sind an Wahrnehmungen gebunden. Wir müssen also Gegenstände sehen, hören, riechen, fühlen und schmecken können, um etwas bedenken oder wünschen zu können oder Erinnerungen daran zu haben. Wahrnehmungen sind aber an Organe der Wahrnehmung gebunden, wie zum Beispiel Augen, Ohren oder die Tastorgane der Haut, also an einen Körper, der doch im Tod gerade untergegangen ist. Eine Erinnerung bzw. ein Gedächtnis muss nach unseren Vorstellungen körperlich irgendwo fixiert sein (zum Beispiel im Gehirn). Weiterleben, wie wir es uns vorstellen und wie wir es uns auch nur wünschen können, setzt also einen Körper voraus. Nun könnte man sich vorstellen, dass die Seele nach dem irdischen Tod in einem speziellen Körper weiterlebt, der diese Fähigkeiten hat, der aber für die Lebenden nicht zugänglich oder auch erfahrbar ist, gelegentlich als Astralleib bezeichnet. Völlig unklar bleibt dabei, wie man sich das Leben dieser Astralwesen denken soll. Leben sie zusammen, kommunizieren sie miteinander, geht es vielleicht zu wie im Leben auf der Erde? Sie sehen, wenn so gefragt wird, werden die Spekulationen notgedrungen immer ausgreifender und bizarrer, um den durch die Struktur unseres Denkens sich zwangsläufig ergebenden Fragen zu genügen. Deshalb zurück zum Ausgangspunkt: Die Existenz von Astralleibern ist eine Spekulation, die nicht überprüfbar ist, obwohl es immer wieder anderslautende Berichte gibt. Wenn man offen bleiben will, wird man diese Berichte aber lesen und gewissenhaft überprüfen, in der Hoffnung, vielleicht doch einmal einen Beweis für ein Weiterleben nach dem Tod zu finden.

Nun könnte man sich allerdings auch ein Weiterleben der Seele derart vorstellen, dass sie ohne Körper, also immateriell, weiterlebt, ausschließlich unter Bewahrung dessen, was die Person zur Zeit ihres Erdenlebens an Wahrnehmungen gemacht hat, mit allen daran geknüpften Gedanken, Wünschen und Gefühlen und den entsprechenden Erinnerungen. Neue Wahrnehmungen machte die Seele dann nicht. Aber auch das muss unser Denken und Wissen verwerfen. Denn selbst die einfache Bewahrung von Erinnerungen ist nach unserem Verständnis an einen Träger (zum Beispiel ein Gehirn) gebunden. Ohne einen Körper kann es also eine solche Bewahrung irdischer Erinnerungen (die uns ja als Person ausmachen) nicht geben. Unser Denken zwingt uns also, auch diese Möglichkeit zu verwerfen.

Die Frage, wo dieses Jenseits ist, wäre demgegenüber sekundär. Es sind verschiedene Welten denkbar, vergleichbar den uns gut bekannten Traumwelten, in denen sich die an einen Astralleib gebundenen Seelen aufhalten könnten.

Wenn Sie sich jetzt selbstkritisch fragen, ob diese Überlegungen zu einem Weiterleben nach dem Tod (die Sie durch eigene Überlegungen ergänzen sollten) in irgendeiner Weise geeignet sein können, die Angst vor Sterben und Tod zu nehmen, werden Sie vielleicht verblüfft feststellen, dass diese Gedanken seltsam blutleer wirken und allenfalls zu bizarren Spekulationen Anlass geben. Sie sind offenbar dem elementaren Wunsch des Menschen geschuldet, der sich mit seiner Vergänglichkeit nicht abfinden will. Einen Ausweg gibt es natürlich trotzdem. Sie glauben an ein Weiterleben in einem Astralleib und verzichten auf solche Fragen und damit letztlich auf Denken. Wenn Sie darauf nicht verzichten wollen, bliebe Ihnen nur die Feststellung, dass Sie in einem durch die Struktur unseres Denkens bestimmten Gefängnis sitzen. Die Lösung (die dann eine Erlösung wäre) bestünde darin, dass Sie die Strukturen unseres Denkens verlassen können. Das aber können Sie durch Denken nicht erreichen. Je mehr Sie denken, umso tiefer sitzen Sie in diesem Gefängnis fest. Sie müssten auf Denken verzichten, um das Gefängnis verlassen zu können und kämen so wieder zum Glauben. Ein so verstandener Glaube wäre dann allerdings nicht der Glaube der Kirchen, sondern ein durch Denken begründetes Nicht-Mehr-Denken-Wollen, weil Sie sich mit Ihrer Vergänglichkeit nicht abfinden können.

Der natürliche Tod

In der Gesellschaft hat sich zunehmend die Vorstellung eines natürlichen Todes entwickelt, also des Todes als eines normalen biologischen Ereignisses mit langsamem, schmerzlosem Absterben, dem Alterstod. Wenn ich in Patientengesprächen nach dem Tod der Eltern frage, wird oft erklärt, die Mutter sei „altersschwach" gestorben oder „einfach eingeschlafen". Das ist dann im Verständnis der Menschen der natürliche Tod, dem ein Tod „an" oder „bei" etwas gegenübergestellt wird, zum Beispiel ein Tod bei einem Unfall, an einem Herzinfarkt oder an einer Krebserkrankung. Dahinter steht meist die Vorstellung, dass bei einem Abweichen vom natürlichen Tod Medizin und Gesellschaft versagt haben.

Dieses Verständnis eines „natürlichen Todes" ist mittlerweile zu einer maßgeblichen Zielvorstellung des Menschen geworden. Damit wird zwar die Endlichkeit des Menschen anerkannt (wir wissen: Das Leben endet mit dem Tod), andererseits wird aber auch eine Verfügbarkeit des Menschen über sich selbst und die Natur postuliert, die in ihrem Anspruch grenzenlos ist, denn keinerlei äußeres Ereignis (Krankheit oder Unfall) soll den Tod herbeiführen. Das Leben soll aus sich enden, etwa wie ein Baum, der im Herbst die Blätter abwirft. Dieser Zielvorstellung hat sich die moderne Medizin verschrieben, die Krankheit und Tod als ihre Feinde ansieht, die sie bekämpft. Mit fatalen Folgen für die Menschen, die der Überzeugung sind, dass ein Tod (Ende des Lebens) durch Krankheit oder Unfall etwas ist, das nicht natürlich ist und durch weiter verstärkte Anstrengungen der Medizinindustrie überwunden werden muss. Fatal sind die Folgen, weil die Menschen aus dieser Überzeugung einen jahrelangen Kampf mit einer Krankheit auf sich nehmen – oft unter entwürdigenden Bedingungen –, den sie prinzipiell nicht gewinnen können. Denn selbst wenn die eine Krankheit besiegt ist, wartet doch schon die nächste. Die Spannung, die in dem Konzept eines natürlichen Todes liegt, ist prinzipiell nicht lösbar. Denn die Anerkennung der Endlichkeit des Lebens (also des Todes) ist ja gleichzeitig auch Anerkennung der nicht vollständigen Verfügbarkeit des Menschen über sich und die Natur. Eine derartige vollständige Verfügbarkeit wird aber gefordert in dem Anspruch, dass das Leben nicht durch Krankheit oder Unfall enden darf. Das Konzept des „natürlichen Todes" ist wesentliche Grundlage dafür, dass der Tod in der modernen Gesellschaft als eine Katastrophe angesehen wird.

Nachkommenschaft

Einer der verbreitetsten Versuche, Sterben und Tod zu überwinden, ist das Bemühen um Nachkommenschaft. Muss ich auch persönlich sterben, so gebe ich doch Leben weiter und lasse so den Tod (der bei einer derartigen Betrachtung oft als ein persönlicher Feind gesehen wird) scheitern.

Kinder werden aus den unterschiedlichsten Gründen gezeugt, auf die hier nicht im Einzelnen einzugehen ist. Erst wenn das Motiv, dass neues Leben den eigenen Tod kompensieren soll, maßgeblich für den Kinderwunsch der Eltern ist, ergeben sich Probleme. Denn dann werden die Kinder zu Instrumenten, mit denen die Eltern ihre Todesangst überwinden wollen. Der Sohn macht die von den Eltern gewünschte Ausbildung, übernimmt das elterliche Geschäft und bringt seinen Eltern die Enkel, die ihrerseits in den Prozess eingebunden werden, mit dem Todesangst bewältigt werden soll.

Aber nur wenn die Kinder gedeihen und sich erfolgreich entwickeln und schließlich ihrerseits wieder Kinder haben, wird die Todesangst der Eltern gebunden, die damit aber keineswegs angstfrei werden. Denn dabei wird lediglich ihre Angst vor dem eigenen Tod durch die Angst vor dem Tod ihrer Kinder ersetzt. Bei deren Tod bräche das ganze Konstrukt zusammen. Und Sie belasten damit gleichzeitig die Kinder, die selbst wieder Träger von Todesangst werden, wenn sie die Erwartung der Eltern übernehmen.

Wenn Sie sich umschauen, werden Sie dafür viele Beispiele sehen, vielleicht nicht ganz so eindeutig wie weiter oben geschildert. Manchmal gibt es dafür auch nur versteckte Hinweise. So werden Stammbäume angelegt und eine intensive Ahnenforschung betrieben, die sozusagen im Rückblick die Angst binden soll – durch den Beleg dafür, dass man in einer langen Generationenfolge steht. Oder es werden Häuser gebaut, die vielen Generationen dienen sollen. Von den Burgen und Schlössern des Adels ganz zu schweigen. Bedenken Sie auch, mit welchem Interesse Biographien und sogenannte Familiensagen gelesen werden. Dort wird vorgeführt, wie andere ihre Todesangst gebunden haben – durch ihre Nachkommen. Natürlich wird dabei diese eigentlich entscheidende Botschaft gar nicht angesprochen, sondern unter fröhlichen oder tragischen Geschichten versteckt.

Und wenn Sie sehr genau hinsehen und Gelegenheit haben, Entwicklungen zu verfolgen, könnten Sie sogar zu der Auffassung kommen, dass die Menschheit sich wesentlich deshalb fortpflanzt, um ihre Todesangst zu überwinden. Damit wird auch verständlich, dass die Menschen immer zusammenrücken, weil sie das Gefühl haben, dass ein Mensch allein nichts ist.

Prüfen Sie sich jetzt, ob Nachkommenschaft für sie ein Weg sein könnte, Todesangst zu überwinden. Bedenken Sie, dass Sie die Angst vor dem eigenen Tod nur durch die Angst vor dem Tod der Kinder ersetzen und die Kinder zusätzlich wieder mit Todesangst beladen. Vielleicht geht es ja über einige Generationen gut. Ihre Kinder gedeihen, Sie haben Enkelkinder und werden von Ihrer Familie bis zu Ihrem Tod begleitet, mit dem stillschweigenden Versprechen, dass auch die Enkelkinder in dieser Weise weitermachen werden. In der Regel ist das ein frommer Wunsch. Ganz abgesehen davon, dass Sie gar nicht überblicken können, was Sie Ihren Kindern und Kindeskindern an weiteren Ängsten aufgeladen haben.

Neueinrichtung des Lebens im Blick auf den Tod

Sie könnten versuchen, Ihr Leben an dem auszurichten, was als Einziges in Ihrem Leben gewiss ist: nämlich Sterben und Tod. Diese Gewissheit bestimmte dann Ihre Einstellung zum Leben, die aus der Ungewissheit resultierende Angst wäre so zu einem Teil bewältigt. Wir haben weiter oben gesehen, dass wir keine Erwartung an unser Leben (und damit kein Lebensziel) bestimmen können, die nicht vom Tod bedroht wäre. Ausschließlich der Verzicht auf derartige Erwartungen und Lebensziele bietet eine gewisse Chance, der Angst vor dem Tod zu entkommen. Aber auch wenn Sie diesen Schritt vollziehen, stehen Sie vor der Aufgabe, in der Gewissheit von Sterben und Tod ihr Leben neu einzurichten. Dafür bieten sich zwei Möglichkeiten an:

Egozentrische Sicht

Sie sehen ausschließlich sich selbst. Denn Sterben und Tod müssen von Ihnen ganz allein bewältigt werden. Niemand wird Ihnen das abnehmen. Daraus leiten Sie das Recht ab, über das, was Sie haben und was Ihnen im Sterben genommen wird, nämlich Ihr Leben, frei zu bestimmen. Sie leben Ihr Leben in der Gewissheit, dass Sie nur ein einziges, Ihnen zugemessenes Leben haben. Und Sie wollen Ihr Leben genießen. Ihr Leben wird dann dadurch bestimmt, dass Sie Glück als einen Zustand des Glücklichseins suchen. Sie machen das natürlich nicht unreflektiert, sondern versuchen, vorausschauend zu planen, was Ihnen Lust oder auch Unlust bringen wird. Sie wären Hedonist, allerdings ein gemäßigter. Denn Sie werden nicht umhin können, auch Entbehrungen auf sich zu nehmen, weil die Gesellschaft zum Beispiel von Ihnen verlangt, für Ihr Alter vorzusorgen. Sie werden arbeiten, um das zu leisten. Einen ekstatischen Lebensgenuss gibt es allenfalls für Augenblicke. Und wenn Sie es dann recht betrachten, ändert sich eigentlich gar nichts.

Sie könnten aus der Gewissheit, nur ein einziges Leben zu haben, das Ihnen im Sterben gewaltsam genommen wird, auch zu der gerade entgegengesetzten Entscheidung kommen, dass nämlich für Sie vom Leben nichts zu erwarten ist. Das wäre vor allem dann der Fall, wenn Sie zusätzlich noch zu der Überzeugung kommen sollten, dass Sterben und Tod Ihr Leben anhaltend überschatten und Sie nie in der Lage sein werden, sich aus diesem Schatten zu lösen. Dann könnte es Glücklichsein für Sie natürlich nicht geben, denn über all Ihrem Denken und Tun läge der Mehltau der Vergänglichkeit, die der Maßstab ist, mit dem Sie alles beurteilen. Sie wären Pessimist.

Die Gesellschaft lehnt allerdings eine solche Sichtweise auf das Leben kategorisch ab, weil ihr völlig klar ist, dass eine solche Sichtweise gefährlich ist. Denn wer nähme dann noch irgendeine Belastung oder Entbehrung auf sich? Das tut nur, wer auf der Suche nach dem Glück ist, das nach den vagen Andeutungen der Gesellschaft hinter allen Entbehrungen liegt. Offiziell wird mit Ihrem Wohl argumentiert: Wer die Welt so sieht, sieht sie falsch und ist krank. Die richtige und deshalb auch gesunde Sichtweise ist die positive Sicht, wie sie die überwiegende Mehrzahl der Menschen hat. Und die bejaht das Leben und sucht ihr Glück. Mit einer pessimistischen Lebensauffassung stehen Sie also permanent im Widersbruch zur Gesellschaft. Weil Sie vielen Dingen des täglichen Lebens, die Ihre Freunde und Bekannte schätzen, keinen Wert zumessen. Sie werden sich so isolieren und vielleicht sogar Beziehungen infrage stellen, wenn Sie zum Beispiel bei Gesprächen über neue Mobiltelefone nur mit der Achsel zucken. Ihr Leben in dieser Gesellschaft wird mit einer pessimistischen Grundhaltung schwierig.

Wie Sie sich auch entscheiden, in der menschlichen Gesellschaft ist ihr Spielraum für ein hedonistisch oder pessimistisch bestimmtes Leben begrenzt. Und vor allem ist nicht ersichtlich, wie Sie durch ein so bestimmtes Leben der Angst vor dem Tod entkommen könnten.

Altruismus

Sie könnten in der Reaktion auf Sterben und Tod einen anderen Weg gehen und versuchen, ganz von Ihrer eigenen Person und Ihren Wünschen abzusehen und Ihr Leben nach überpersönlichen, positiven Werten auszurichten, denen Sterben und Tod nichts mehr anhaben können. Es sollten Werte sein, die zu erreichen allen unseren Einsatz wert sind. Sie könnten sich zum Beispiel dafür einsetzen, dass auf der Welt Gerechtigkeit herrscht oder alle Menschen glücklich sind. Nur muss Ihnen klar sein, dass Ziel Ihres Lebens eben nicht sein darf, dass tatsächlich auf der Welt Gerechtigkeit herrscht oder dass die Menschen glücklich sind. Denn solche Ziele müssten Sie bei Ihrer begrenzten Zeit notwendig verfehlen. Wenn Sie Ihr Ziel dagegen definieren als „Leben für die Gerechtigkeit" oder als „Leben für das Glück der Menschen", wären Sie nicht gescheitert, wenn Sie der Tod aus dem Leben reißt, obwohl weiterhin Ungerechtigkeit herrscht und Menschen unglücklich sind. Denn in jeder Sekunde Ihres Lebens erfüllte sich dann, was Sie sich für Ihr Leben erwarten, Sterben und Tod wären dann belanglos.

In einem „Leben für das Glück der Menschen" wissen wir, dass Glücklichsein nichts ist, was wir uns mühsam erarbeiten und gegen Feinde verteidigen müssen. Sondern glücklich sind wir, weil andere uns an ihrem Glücklichsein teilhaben lassen. Wollten wir das Glück aber als ein persönliches Glück behalten, wäre es kein Glück mehr (weil Sterben und Tod es permanent gefährden). Wir müssen das Glück also sofort weitergeben, damit es ein Glück bleibt.

In einem „Leben für das Glück der Menschen" wissen Sie also, dass Glück nicht als dauerhafter Zustand erreichbar ist, sondern Sie setzen sich dafür ein, dass Sie und die anderen Menschen Glück zumindest als kurze Zustände von Glücklichsein erfahren, die dann weiterziehen zu anderen Menschen, die so auch Zustände von Glücklichsein erfahren durch ein Glück, das immer weiterzieht. Ein so verstandenes Glück ist durch Sterben und Tod nicht bedroht. Denn solange Sie leben, können Sie Glück schaffen (aus dem Nichts sozusagen, mit einem Wort oder auch mit einer entschlossenen Tat), das dann andere erreicht und zu wieder anderen weiterzieht (für die es auch kein Glück wäre, wenn sie es ausschließlich als ihr eigenes Glück ansähen und es nicht sofort weitergäben). Noch mit dem letzten Atemzug können Sie vielleicht mit einem Augenzwinkern Glücklichsein schaffen. Wenn der andere Mensch an diesem Augenzwinkern sieht, wie sehr Sie ihn geliebt haben.

Wenn Sie Ihr Leben so führen, dass Sie Glück sofort weitergeben, gibt es Glück, solange es Leben gibt, und der Tod hat in dieser Hinsicht keine Gewalt. Allerdings wäre es der Verzicht auf Ihr persönliches Glück, nach dem Sie doch, seitdem Sie leben, gesucht haben. Wollen Sie das, und vor allem: Können Sie das? Ein Leben führen, das auf persönliches Glück verzichtet?

Zusammenfassung

Egozentrisch bestimmte Lebensauffassungen wie Hedonismus und Pessimismus sind nur sehr eingeschränkt lebbar und für die Bewältigung von Todesangst unbrauchbar. Wir erkennen an den Ausführungen zu einem altruistisch bestimmten Leben, dass Angst vor Sterben und Tod für uns immer weiter überwindbar wird, je mehr wir aus unserer Individualität zurücktreten, weil wir dann immer weniger verletzbar sind durch Sterben und Tod. Und folgern weiter, dass die Angst umgekehrt umso stärker wird, je mehr wir unsere Individualität entwickeln, weil wir dann umso stärker von Verlusten bedroht sind, die uns Sterben und Tod zufügen. Damit stehen wir vor dem Dilemma: Wir wollen als individuelle Personen unsere Individualität entwickeln, weil wir auf unsere Einmaligkeit stolz sind. Und wollen gleichzeitig leben ohne Angst vor Sterben und Tod. Das ist unvereinbar. Eine Neueinrichtung des Lebens mit radikalen altruistischen Zielsetzungen könnte uns von der Angst befreien, würde aber einen Verzicht bedeuten, zu dem kaum jemand fähig ist. Denkbar wäre allenfalls ein Kompromiss derart, dass wir unser Leben so wenig wie möglich durch individuelle Zielsetzungen bestimmen lassen und so altruistisch wie möglich leben. Wenn Sie sich allerdings die kümmerlichen Ergebnisse in der Realität unseres Lebens anschauen (gelegentlich wird verschämt etwas gespendet), sind die Aussichten gering, so zu einer spürbaren Verringerung unserer Angst vor Sterben und Tod zu kommen.

Demenz

Angst vor Sterben und Tod sind wesentlich darin begründet, dass Sterben als ein qualvoller Vorgang und Tod als vollständige Auslöschung vorgestellt wird. Mit dieser Vorstellung hatten wir uns weiter oben auseinandergesetzt. Hier geht es darum, dass die so verstandene Angst eine Vorstellung ist, also die Angst nur „da" ist, wenn ich daran denke. Denke ich nicht daran, ist die Angst auch nicht „da", wenn man Wirkungen des Unterbewusstseins einmal außer Acht lässt. Die Angst vor dem Tod ist nun zusätzlich auch eine Vorstellung, die affektiv (das Gemüt) anrührt und damit auch eine affektive Schwingungsfähigkeit des Menschen zur Voraussetzung hat. Wer Todesangst hat, muss also nicht nur die Vorstellung von Sterben (als ein qualvoller Vorgang) und Tod (als vollständige Auslöschung) haben, sondern auch sehr differenziert fühlen können. Nur Menschen, die das können, haben Todesangst, nicht jedoch Menschen, die das noch nicht oder nicht mehr können.

Eine Aufhebung dieser intellektuellen Fähigkeit und eine Ent-differenzierung affektiver Schwingungsfähigkeit können es den Betroffenen ab einem gewissen Grad unmöglich machen, derartige Vorstellungen von Sterben und Tod mitsamt begleitenden Gefüh-len zu bilden. Nun gibt es Unfälle mit Hirnschäden, die zu einem Verlust dieser Fähigkeiten führen können. Bei zahlreichen Krank-heiten (insbesondere der Alzheimer-Krankheit) tritt das langsam und unmerklich ein – mit der Folge, dass Sterben und Tod nicht mehr ängstigen.

Krankheit und Unfall können also den Effekt haben, dass es zu einem völligen Verlust der Todesangst kommt. Die Verkündung einer unheilbaren Krankheit und des baldigen Todes wäre für den Betroffenen ohne Belang. Das wäre doch im Grunde der Zustand, wie wir ihn anstreben. Und sofort wissen wir, dass eine derartige Auflösung von Todesangst für uns nicht in Betracht kommt, wenn wir wählen könnten. Und dass der Zustand von uns gefürchtet wird, wenn er über uns kommt. Das hat einen ganz einfachen Grund: Denkvermögen und Fähigkeit zu differenzierten Gemüts-reaktionen sind die Voraussetzungen dafür, dass sich Angst vor Sterben und Tod (in dem Sinne wie oben skizziert, als einer Ah-nung des eigenen Endes) entwickeln. Und umgekehrt: Wer Angst vor Sterben und Tod hat, kann denken und fühlen, hat damit das, was wesentlich einen Menschen ausmacht. Wer diese Angst nicht mehr hat, hat damit einen wesentlichen Teil seines Menschseins verloren.

Das heißt, dass die Angst vor dem Tod ein wesentlicher Be-standteil unseres Menschseins ist. Unser Wunsch, die Angst vor dem Tod zu überwinden, wäre also der widersprüchliche Versuch, eine wesentliche menschliche Eigenschaft abzulegen und trotzdem Mensch zu bleiben. Diese Einsicht relativiert unsere Versuche, die

Angst vor Sterben und Tod zu überwinden. Sie muss also bescheidener sein im Hinblick darauf, was erreichbar ist.

Offenheit für Sterben und Tod in Familie und Gesellschaft

Vielleicht haben Sie noch nie einen Sterbenden oder einen Toten gesehen. Sie sollten diese Erfahrung auch nicht suchen, denn nur allzu leicht könnten Sie in eine oberflächliche Sensationslust abrutschen, die dieses Thema wecken kann und die Sie nicht weiter, sondern in eine Sackgasse führt. Sie sollten allerdings dem Thema nicht ausweichen, wenn in Familie und unmittelbarem Umfeld Sterben und Tod Einzug halten. Stellen Sie sich dieser Situation, auch wenn Sie sich nicht für kompetent halten. Seien Sie behutsam, beobachten Sie und hören Sie zu. Die meisten Fragen beantworten sich bei genauer Beobachtung von selbst.

Sie werden zunächst feststellen, dass die Sterbenden von einer Art Aura umgeben sind, die sie gegenüber den Lebenden in einer schlecht beschreibbaren Weise abhebt und isoliert. Wer sich ihnen nähert, verlangsamt etwas die Bewegungen, die Mimik reduziert sich, die Stimme wird leiser. Manche der Lebenden spüren diese Veränderungen bei sich intensiv und bemühen sich deshalb, beim Umgang mit dem Sterbenden derartige Veränderungen gar nicht erst aufkommen zu lassen. Das führt manchmal zu einer Art Überkompensation, die Weiterlebenden werden laut, ihre Bewegungen und ihre Mimik überlebhaft bis inadäquat. Die Überkompensation bricht dann oft schnell zusammen, etwa wenn der Sterbende stöhnt. Sie werden feststellen, dass auch Sie in den Bann dieser Aura geraten, ohne dass es Hinweise dafür gäbe, dass es sich um eine gesellschaftliche Konvention handelt. Sterben und Tod schaffen sich offensichtlich allein durch ihr Erscheinen gebieterisch Raum und lösen bei den Weiterlebenden fast archaische Reaktionen aus.

Angstreaktionen des Sterbenden werden Sie selten sehen. Natürlich hängt das sehr davon ab, welchen Weg der Sterbende bislang schon gegangen ist. Kämpft er noch, oder hat er sich resigniert in sein Schicksal ergeben? Hat er Schmerzen? Welche körperlichen Kräfte hat er noch? Hat er etwas, das ihn tröstet? Im Übrigen werden mit fortschreitendem körperlichem Verfall Angstreaktionen seltener. Manchmal gibt es gegen Ende noch ein kurzes Aufbäumen, fast elementar, so als mobilisierte das Leben über den Kopf des Sterbenden hinweg nochmals alle seine Kräfte.

Was werden Sie von Sterbenden hören? Das hängt sehr davon ab, wie Sie zu dem Sterbenden stehen. Nach meinen Erfahrungen kommt es vor allem auf das Vertrauen an, das der Sterbende seinem Gesprächspartner entgegenbringt. Dabei ist es entscheidend, dass er das Gefühl hat, der Gesprächspartner habe sich bereits mit Sterben und Tod beschäftigt und sich darauf vorbereitet. Denn nur dann hat er die Chance, den Sterbenden zu trösten, zum Beispiel indem er ihm das Gefühl vermittelt, nicht allein zu sterben, sondern den eigenen Tod als Teil eines großen Ganzen zu sehen, dem alle ausnahmslos unterliegen. Dieser Gedanke hat oft die Kraft, die Einsamkeit des Sterbens aufzuheben.

Dem entspricht eine Beobachtung, die Sie immer wieder machen können: dass nämlich nichts den Sterbenden besser beruhigt als ein vertrauter Mensch, der schweigend an seinem Bett sitzt und seine Hand hält, lange und mit sanftem Druck. Über alle Worte hinaus ist dies das Versprechen an den Sterbenden, dass er den Weg nicht allein geht, sondern dass ihm alle Menschen Hand an Hand nach und nach folgen werden. Denn die Hand, die jetzt die Hand des Sterbenden gehalten hat, wird in nicht allzu langer Zeit wieder von einem schweigenden Menschen gehalten und das immer so weiter. Wie in eine Prozession treten die Menschen, sich an den Händen haltend, nacheinander aus einer dunklen Tür, um nach einer Weile wieder in einer anderen dunklen Tür zu verschwinden. Viele Maler hat dieses Bild beschäftigt.

Und im Übrigen werden Sie feststellen, dass das Sterben etwas ganz Alltägliches ist und der Sterbende vor keiner Aufgabe steht, die er etwa nicht bewältigen könnte. Auch Sie können sicher sein, damit nicht überfordert zu werden. Manchmal verlangen sich die Sterbenden noch besondere Leistungen ab. Sie wollen den Freunden und der Familie Worte mitgeben, die allen im Gedächtnis bleiben, weil sie tiefe Wahrheiten enthalten, wie der Sterbende meint. Oder der Sterbende will sein Sterben völlig klaglos bewältigen (obwohl ihm eigentlich zum Klagen zumute wäre), wie es vor ihm berühmte Persönlichkeiten getan haben, die dafür in Geschichtsbüchern gerühmt werden. Oder er will den langen Familienzwist endlich beenden, der ihn schon immer belastet hat. Gut, die Familie und die Freunde spielen mit, aber was ist danach? Lernen Sie daraus, sich für Ihr eigenes Sterben nicht zu viel abzuverlangen.

Die Angst ausgrenzen

Immer wieder ist zu beobachten, dass Menschen den fast verzweifelt anmutenden Versuch unternehmen, für unüberwindbar gehaltene Ängste (hinter denen häufig eine Todesangst steckt) auszugrenzen. Das läuft dann auf den Versuch hinaus, die eigene Persönlichkeit sozusagen aufzuspalten, mit dem Ziel, als eine Person ohne Angst neben einer Person mit Angst zu leben, um so systematisch jeden Einfluss von Gemütsregungen, wie eben der Angst, auf Denken und Handeln auszuschalten. Auch ohne eine Psychose zu entwickeln, gelingt das einigen Menschen immer wieder. Gemütsregungen haben dann keinen bestimmenden Einfluss mehr auf sie. Sie haben dann die Angst besiegt – aber um welchen Preis? Denn freuen können Sie sich auch nicht mehr. Sie sehen: Leben ist ohne Tod nicht zu haben und Freude nicht ohne Angst.

Der Glaube an die Wiederauferstehung nach dem Tod

Wir haben gesehen, dass es Hinweise dafür gibt, dass der Mensch mehr ist als bloß ein Körper, der sich nach dem Tod in anorganische Bestandteile auflöst. Die Hinweise ergaben aber noch keine Ansatzmöglichkeiten für eine Bewältigung unserer Angst vor Sterben und Tod. Erst wenn wir die Gewissheit hätten, dass die individuelle Person nach ihrem Tod (den wir alle beobachten können und der insofern ein Faktum ist) als individuelle Person wiederaufersteht und weiterlebt in einem ewigen Leben, wäre unsere Todesangst gebannt. Dann könnten wir gelassen sterben, wüssten wir doch, dass der Tod nicht mehr ist als ein Übergangsstadium.

Allerdings haben wir die Vorstellung, dass die individuelle Person von den Toten wiederaufersteht und in Ewigkeit weiterlebt, als unvereinbar mit unserem Denken und unserem aus Erfahrung und Denken gebildeten Wissen bezeichnet. Es bedarf daher besonderer Anstrengungen, eine solche Vorstellung als Gewissheit zu etablieren. Denn nur aus dieser Gewissheit könnten wir die Kraft gewinnen, mit der Angst vor Sterben und Tod fertig zu werden. Da es einen Weg dahin über Denken, Wissen und Erfahrung nicht gibt, bleibt nur ein Zugang über den Glauben, der zu der Glaubensgewissheit entwickelt werden muss, dass es eine Wiederauferstehung von den Toten und ein ewiges Leben gibt. Diese Anstrengungen unternimmt vor allem das Christentum, das damit einem elementaren menschlichen Wunsch entspricht.

Es ist hier aber auch in gesellschaftlicher und staatlicher Funktion tätig. Denn Gesellschaft und Staat brauchen den Glauben an Wiederauferstehung und ewiges Leben. Viele Menschen werden für ihre Verfehlungen nie bestraft, weil die Verfehlungen nicht entdeckt werden oder sich diese Menschen der Bestrafung entziehen, trotz aller staatlichen Bemühungen. Das aber schafft eine quälende Gerechtigkeitslücke, die wiederum verhängnisvolle Rückwirkungen auf die Gemeinschaft haben kann. Eine permanente Verletzung des Gerechtigkeitsempfindens der Menschen hält keine menschliche Gemeinschaft längere Zeit unbeschadet aus. Nur wenn der verstorbene individuelle Mensch als eine individuelle Person aufersteht und wenn es einen allwissenden, gerechten und allmächtigen Gott gibt, können auch diese Menschen zur Rechenschaft gezogen werden. Andernfalls blieben viele irdische Verfehlungen endgültig ohne Sanktion. Insofern ist der christliche Glauben mit seinem höchsten Ziel (Wiederauferstehung und ein ewiges Leben und damit die Überwindung des Todes) auch eine wesentliche Grundlage vieler staatlicher Gemeinschaften.

Christentum und andere Religionen wissen, dass viele Menschen nicht glauben können, weil die Struktur ihres Denkens sie zu anderen Feststellungen führt. Deshalb bezeichnen vor allem die christlichen Religionen den Glauben gern als eine Gnade, die dem zuteilwird, der darum ringt. Wer so zum Glauben kommt und dann im Glauben bleibt, für den gibt es den Tod allenfalls noch als einen vorübergehenden, irdischen Tod, dem die Auferstehung und das ewige Leben folgen. In diesem Sinne überwindet der Glaube den Tod. Und in der Tat, wer glaubt und seinen Glauben trotz vielleicht aufkommender Zweifel immer wieder festigen kann, weiß um seinen Wert als ein Kind Gottes und darum, dass er nach dem Tod (der dann nur ein „irdischer" Tod ist) für alle seine Taten zur Verantwortung gezogen wird. Er weiß damit auch, dass seine Handlungen im Leben keineswegs nichtig und belanglos waren.

Glaube ist eine Lösung für das Problem der Angst vor Sterben und Tod, die allen anderen Lösungen überlegen ist und die sich über Jahrtausende bewährt hat. Im Christentum hat dieser Glaube im Hinblick auf die Überwindung der Todesangst dann eine ideale Gestaltung gefunden. Allerdings kommt alles darauf an, dass der Glaube nicht erschüttert wird. Deshalb wohl die Großartigkeit und oft auch die Pracht kirchlicher Bauten, die überwältigen sollen, um dem Zweifel keinen Raum zu geben.

Nun erfährt aber der Glaube in entwickelten Gesellschaften seit Jahrhunderten eine langsame Erosion, neben anderem auch dadurch bedingt, dass die in diesen Gesellschaften hoch entwickelte Daseinsvorsorge (mit medizinischer Versorgung) die Angst vor Sterben und Tod zunehmend aufnimmt. Beschleunigt hat sich dieser Prozess mit der Entwicklung der Palliativmedizin mit ihrem Versprechen, jedem ein Sterben ohne Schmerzen zu ermöglichen. Denn seine Einlösung demonstriert jedem, dass der Herrschaftsanspruch des Menschen durchsetzbar ist und durchgesetzt wird. Wenn schon gestorben werden muss, dann zu unseren Bedingungen. Schmerzen beim Sterben muss niemand fürchten.

Nun schließen sich Möglichkeiten der Palliativmedizin und Glaube natürlich nicht aus. Auch der Gläubige wird die Möglichkeit schmerzfreien Sterbens dankbar aufnehmen. Aber diese Möglichkeit schmerzfreien Sterbens gibt jetzt auch dem Zweifelnden und Ungläubigen die Kraft, bis zuletzt er selbst sein zu können. Dazu ein Beispiel aus der Freud-Biographie von Ernest Jones:

„Am 21. September (1939) saß Schur (Freuds Arzt) an Freuds Bett. Freud begann leise: Lieber Schur, Sie erinnern sich wohl an unser erstes Gespräch. Sie haben mir damals versprochen, mir zu helfen, wenn ich nicht mehr weiter kann. Das ist jetzt nur mehr Quälerei und hat keinen Sinn mehr. Schur drückte Freuds Hand und sagte ihm, dass er sein Versprechen nicht vergessen habe. Freud seufzte erleichtert auf, hielt Schurs Hand einen Augenblick und sagte schlicht: Ich danke Ihnen, und fügte dann hinzu: Sagen Sie bitte Anna (Freuds Tochter) von unserem Gespräch. Es gab dabei nichts Gefühlvolles oder Selbstmitleid, nur Realität – eine eindrucksvolle und unvergessliche Szene. Am nächsten Morgen gab Schur Freud ein Drittel eines Grans Morphium. Für jemanden, der dieses Ausmaß der Erschöpfung erreicht hatte und dem Opiate so völlig fremd waren wie Freud, genügte diese kleine Dosis. Er seufzte erleichtert auf und sank in friedlichen Schlaf; offensichtlich war er am Ende seiner Kräfte. Am nächsten Tag, dem 23. September 1939, gerade vor Mitternacht, starb er."

Hoffen auf den Tod

Leiden an einer Krankheit

Angst vor Sterben und Tod können umschlagen in eine Hoffnung auf den Tod. Das ist eine Beobachtung, die man immer wieder machen kann, und zwar dann, wenn die Betreffenden bei Betrachtung ihrer Situation zu der Feststellung kommen, dass die Angst vor Sterben und Tod nichts ist im Vergleich zu unlösbaren Qualen im Weiterleben. Vieles kann im Leben Qualen begründen und vieles wird für unlösbar gehalten. Wir werden einige Beispiele dafür herausgreifen, wie sich aus Verzweiflung ein Hoffen auf den Tod entwickelt.

So werden Sie oder wurden Sie (jedenfalls in der Regel) von Ärzten ins Sterben eingeführt: ein ernster, manchmal auch indifferenter Blick, dann die Diagnose in medizinischer Terminologie, dann die Bemerkung, dass die medizinischen Möglichkeiten begrenzt sind, aber alles nur Mögliche unternommen wird. Es wird erwartet, dass Sie Ihre eigenen Schlüsse ziehen. Von Anfang an wird klargestellt, dass die Krankheit Ihr Feind ist, unerbittlich und gewaltsam. Das übernehmen Sie, weil die Krankheit entsprechend der Angaben der Ärzte ja angetreten ist, Sie zu vernichten. So versuchen Sie es erst gar nicht, die Krankheit anders als einen Todfeind zu sehen. Sie können nicht mit ihm reden, ein Appell an ihn, anders mit Ihnen umzugehen, ist zwecklos. Also kämpfen Sie, mithilfe der Ärzte. Was dann folgt, kennen Sie aus eigenem Erleben oder aus den Darstellungen der anderen: Operationen, Chemotherapien, Kuraufenthalte, Wartezeit in Arztpraxen und Klinikambulanzen. Sie stellen fest, dass Sie immer weniger Herr über sich selbst sind. Und dann gibt es ja auch Erfolge, allerdings nur zeitlich begrenzt; selbst die „Heilung" ist ja nichts als ein zeitlich begrenzter Erfolg, da es in einigen Jahren – wenn auch vielleicht von ganz anderer Seite – wieder losgehen wird. Und dann die Nebenwirkungen. Die Haare fallen aus, die Beine schwellen an, Sie werden kurzatmig, schlafen schlecht, kein Appetit. Die Nebenwirkungen nehmen zu, Sie halten aus, weil es immer wieder Erfolgsmeldungen gibt: „Ihre Werte haben sich gebessert." Die dann doch wieder kassiert werden. Und irgendwann bricht Ihre Motivation, den Kampf zu gewinnen, zusammen, das kann dann ganz plötzlich kommen. Nur noch Ruhe, sonst nichts mehr, der Tod ist die Erlösung. Sie hoffen auf den Tod, vor dem Sie zuvor Angst hatten, weil das Leben zur Qual geworden ist. So sollte Ihre Vorbereitung auf den Tod allerdings nicht aussehen. Sie werden von anderen und durch eine Krankheit in den Tod geschickt, weil Sie sich nicht selbst vorbereitet haben.

Nun wird man uns vorhalten, dass die oben skizzierte Situation auch ganz anders gesehen werden kann. Warum bei Krankheiten verzweifeln? Die Medizin hat große Erfolge. Gestern noch als unheilbar angesehene Krankheiten werden geheilt, Lahme können wieder gehen, ein Tauber hört wieder. Das alles gibt es. Es kommt darauf an, weiterzumachen und nicht nachzulassen. Die durch eine medizinische Behandlung gegebenen Beeinträchtigungen sind hinzunehmen, weil die Medizin mit der – allerdings unausgesprochenen – Verheißung auftritt, am Ende doch zu siegen.

Diese positivistische Sicht auf die Medizin aber entpuppt sich regelmäßig als ein ungedeckter Wechsel, der platzt, wenn Sie nachfragen: Was heißt eigentlich Heilen, wenn ich irgendwann doch sterben muss, weil Sterben die Bedingung meines Lebens ist? Der verheißene Sieg der Medizin kann also immer nur ein Aufschub sein. Sie leiden im Kampf gegen die eine Krankheit, die das Sterben bringt. Und wenn Sie durch Leiden einen Aufschub erreicht haben, werden Sie wieder leiden, wenn die nächste Krankheit kommt. Das geht so weiter, bis Sie keinen Aufschub mehr erreichen. Wer kämpft, leidet. Und wer erfolgreich kämpft und so einen Aufschub erreicht, wird wieder leiden. Wer gleich stirbt, leidet nur einmal, könnte der resignierte Einwand lauten.

„Aber", werden Sie vielleicht sagen, „ich habe als Preis für mein Leiden bei allen Behandlungen vier Jahre länger leben können. Ich habe mein Buch abgeschlossen, an dem mir so viel lag. Ich habe die Enkelkinder größer werden sehen, was mich so interessiert hat." Es ist Ihr Argument und das ist entscheidend. Viele aber stellen fest, dass all das, was sie so brennend interessiert hat, nichts ist, wenn es dann da ist. Und ein weiteres Leiden in einer weiteren, neuen Behandlung überhaupt nicht rechtfertigt. Bedenken Sie auch, dass viele schwere Erkrankungen und die dabei angewendeten Behandlungen sowie viele Unfälle zu einer Veränderung der ganzen Persönlichkeit führen, weil sie mit Verunstaltungen, körperlichen Einschränkungen oder mit einer Hirnschädigung verbunden sind. Sie haben die Leiden und Qualen einer Behandlung auf sich genommen und eine verlängerte Lebenszeit erreicht, die aber mit schweren Behinderungen erkauft ist, die ständige Pflege und ärztliche Behandlung erforderlich machen.

Allerdings: Diese Erkenntnisse können Sie erst haben, wenn Sie schon eine Behandlung durchlitten und den Aufschub erreicht haben. Dann erst haben Sie die erforderliche Erfahrung als Korrektur Ihrer Hoffnung. Erst dann könnten Sie noch einen Schritt weitergehen mit der Feststellung: „Wenn ich durch das Schicksal (Unfall, plötzlicher Herzstillstand etc.) plötzlich in eine Situation gebracht werde, wo ich ohne Leiden sterben könnte, nehme ich das gerne an." Fast niemand äußert so seinen Wunsch, offenbar weil man damit – zumindest noch derzeit – völlig aus dem üblichen gesellschaftlichen Verständnis herausfällt, das den Kampf um Lebensverlängerung als normal ansieht. Meist wird der Wunsch nur indirekt geäußert, zum Beispiel in Patientenverfügungen, und dann mit einigen schamhaften Einschränkungen (keine lebensverlängernden medizinischen Maßnahmen, wenn bleibende Schäden absehbar sind etc.). Ehrlicher wäre die Festlegung: „Sollte ich das Glück haben und plötzlich das Bewusstsein verlieren und in diesem Zustand ohne Leiden sterben können, wünsche ich keine Wiederbelebung." Für diese Menschen wäre der Einsatz eines Defibrillators auf einem U-Bahnhof eine Horrorvorstellung, denn er würde die seltene Chance zunichtemachen, ohne jede Angst einen Lebensschritt zu bewältigen, der ja doch bewältigt werden muss. Jedoch ist es ausgesprochen selten, dass Sie mit einem unvorhergesehenen Herzinfarkt plötzlich tot umsinken. Darauf zu hoffen, ist unrealistisch. Abgesehen davon, dass Sie diese Hoffnung in die paradoxe Situation führt, dass Sie aus Angst vor dem Tod auf den Tod hoffen.

Also läuft es doch auf Kampf und Leiden in wiederholten medizinischen Behandlungen hinaus? Nein, das ist nicht nötig. Bereiten Sie sich vor. Lernen Sie sterben, wenn sie (noch) gesund sind. Sie werden sehen: Sterben kann man lernen, auch wenn man nur einmal stirbt.

Die Hoffnung des Pessimisten

Es gibt auch körperlich und geistig gesunde Menschen, die auf den Tod hoffen. Sie werden nicht oft, aber immer wieder Menschen finden, die ihre Situation analysieren und zu einer negativen Bilanz ihres Lebens kommen. Und zwar deshalb, weil sie zu dem Schluss kommen, dass das Leben nichts anderes ist als ständige Wiederholung: Schlafen, Essen und Trinken, Liebe und Arbeit. Manchmal wird es noch etwas differenzierter ausgedrückt: dass man im Grunde immer denselben Menschen und Situationen begegnet (auch wenn sie jeweils anders heißen oder anders aussehen), dass man immer das denkt und fühlt, was in der jeweiligen Situation zu denken oder zu fühlen ist, dass nichts Originelles an den Menschen ist. Und dass alles, was uns begegnet, zufällig und sinnlos ist. Es ist nachvollziehbar, dass bei einer solchen Sicht auf die Dinge Lebensüberdruss die Folge ist, wie man etwa Torten überdrüssig würde, wenn man sie ständig essen müsste. Dieser Überdruss kann sich bis zu einem Ekel vor dem Leben steigern. Das sind sicher Extremfälle, aber die Haltung pessimistischer Menschen drückt regelmäßig zumindest Distanz zum Leben aus, in das sie ohne ihr Zutun gestellt wurden.

Ob der Tod für Pessimisten allerdings eine Hoffnung sein kann, erscheint fraglich. Denn gehofft wird ja deshalb, weil man der Meinung ist, es gebe doch einen Wert an sich, der Gegenstand von Hoffnung sein könnte. Ein konsequenter Pessimismus lässt aber für welche Hoffnung auch immer keinen Platz, sodass nicht einmal der Tod Hoffnung sein kann, der doch als einziger die ewigen Wiederholungen beenden könnte. Manchmal wird versucht, diese Lebenshaltung als krankhaft abzutun, zum Beispiel als eine Depression. Aber dieser Vergleich trifft nicht. Denn echte Pessimisten gehen meist problemlos durchs Leben, einfach deshalb, weil sie sich nichts erwarten.

Der Tod als Rätsellöser

Schließlich wäre noch denkbar, dass auf den Tod gewartet und sogar gehofft wird als die einzige Möglichkeit, die Rätsel der Welt zu lösen. Auf die Eröffnung, dass er bald sterben würde, erwiderte jemand, der Zeit seines Lebens die Rätsel des Lebens lösen wollte: „Dann werde ich bald die Lösung der Rätsel wissen." Und: Zwei Mönche, seit vielen Jahren gut befreundet, grübelten über das Leben nach dem Tod. Unterschiedlichste Vorstellungen wurden erwogen und verworfen. Schließlich vereinbarten sie, dass derjenige, der als erster stirbt, dem Weiterlebenden einige Tage nach dem Tod berichtet, wie es im Jenseits zugeht. Einer stirbt. Und richtig. Einige Tage später erscheint der Verstorbene dem Weiterlebenden mit einem geheimnisvollen Lächeln und sagt nur einen einzigen Satz: Es ist ganz anders. Und verschwindet dann.

Leben und Tod als Rätsel. Wir haben weiter oben einige dieser „Rätsel" aufgeführt („Warum lebe ich?") und sie als falsch gestellte Fragen erkannt. Trotzdem bleiben zahlreiche Rätsel ungelöst. Dafür ein Beispiel: Wenn man Sie fragte, ob Sie frei sind, würden Sie diese Frage bejahen. Und zum Beweis würden sie darauf hinweisen, dass Sie in einem freien Land leben, frei Ihre Meinung äußern können und frei sind zu reisen, wohin Sie wollen. Gut, würden Sie sagen, es gibt Einschränkungen einfach deshalb, weil die anderen Menschen in gleicher Weise frei sein wollen.

Ein Gefangener dagegen kann sich nur in einem vorgegebenen Rahmen bewegen, der die Grenzen seiner Bewegungsmöglichkeiten absteckt. Über die Gefängnismauern hinausgehen kann er nicht. In diesem äußerlichen Verständnis von Gefangenschaft sind Sie frei. Und doch sind Sie zeitlebens ein Gefangener. Das Gefängnis ist als solches nur nicht erkennbar, denn Ihr Gefängnis sind Ihre Sprache und Ihr Denken. Das klingt zunächst paradox, lässt sich aber an einem Beispiel belegen, das einige weitere Ausführungen erfordert. Wenn zum Beispiel in Ihrem Leben eine Veränderung stattfinden soll und Sie diese Veränderung bewerkstelligen wollen, müssen Sie wissen, was Sie ändern wollen. Sie müssen dieses Etwas bestimmen. Und diese Bestimmung ist nur sprachlich möglich. Dabei ist Sprache natürlich nicht nur das laut Gesprochene, sondern auch die innere Sprache, die mit Ihrem Denken identisch ist. Nehmen wir an, Sie sind mit der Arbeitsstelle, an der Sie gerade sind, unzufrieden und wollen „weg". Dann müssen Sie das „weg" bestimmen. Dafür gibt es viele Möglichkeiten, wobei auch von Bedeutung ist, ob Sie die Stelle, mit der Sie unzufrieden sind, räumlich verstehen oder als soziale Position oder in sonstiger Weise. Antworten könnten zum Beispiel sein: weggehen, wegfliegen, untertauchen, in Rente gehen, in Urlaub fahren usw.

Es gibt zahlreiche weitere Möglichkeiten. Allerdings gilt: Was Sie hier nicht sprachlich fassen können, gibt es für Sie nicht. Jeder hat insofern eine durch seine sprachlichen Möglichkeiten begrenzte eigene Welt. Sie werden vielleicht sagen, dass es für Sie weitere Möglichkeiten gibt, die Sie nur nicht ausdrücken können. Darauf wäre zu antworten: Beschreiben Sie diese Möglichkeit, umschreiben Sie sie, deuten Sie sie an. Wenn nichts kommt, haben Sie diese weitere Möglichkeit eben nicht. Diese Begrenzung auf das Ihnen sprachlich Mögliche ist das Gefängnis, in dem Sie sitzen. Das gilt für alle Menschen, zeitlebens. Das Gefängnis ist für einen sprachgewaltigen Denker nur etwas größer. Denn auch wenn Sie sich

sprachlich bzw. im Denken noch so sehr bilden und weiterentwi-
ckeln, das Gefängnis wird jeweils nur etwas größer, vielleicht auch
komfortabler, öffnet sich aber nicht. Sie können sich natürlich in
diesem Gefängnis bequem einrichten und schließlich vergessen,
dass Sie in einem Gefängnis sind.

Jetzt das Rätsel: Wie kann man dieses Gefängnis verlassen? Es
wird nun immer wieder grübelnde Menschen geben, die nicht vergessen und auch nicht vergessen wollen, dass sie in einem so bestimmten Gefängnis sitzen. Und die wissen wollen, ob es etwas –
und wenn ja, was – außerhalb des Gefängnisses gibt. Folgende Lösung bietet sich an: Wenn Denken und Sprache unser Gefängnis
sind und wir Denken und Sprache haben, weil wir lebende Menschen sind, sollte der Tod uns in die Lage versetzen, das Gefängnis
zu verlassen, denn dann haben wir kein Denken und keine Sprache
mehr. Im Tod wären wir frei.

Diese Lösung ist natürlich unbefriedigend. Von dieser Freiheit
hätten wir nichts. Vergleichbar dem Abbe Faria im Abenteuerro-
man „Der Graf von Monte Christo", der aus dem Kerker in einem
Zustand in Freiheit kommt, in dem Freiheit für ihn bedeutungslos
ist, nämlich tot.

Also grübeln wir und kommen innerhalb des Gefängnisses und
mit den Möglichkeiten des Gefängnisses zu immer weiterreichen-
den Spekulationen, bis hin zum Beispiel zu einem Weltenschöpfer,
der die Menschen wie in einem Flohzirkus zusammenhält, allein
dadurch, dass er es so eingerichtet hat, dass die Grenzen ihrer
Sprache und ihres Denkens die Grenzen ihrer Welt sind. Oder wir
bemühen keinen Weltenschöpfer, sondern kommen zu der Auffassung, dass es zum Wesen von Denken und Sprache gehört, dass
Denken und Sprache begrenzen. Wer denkt und spricht, muss dabei immer etwas Bestimmtes denken und sprechen, das sich durch
Denken und Sprache aus einem Unbestimmten heraushebt und
davon abgrenzt. Wer denkt und spricht, muss dieses Unbestimmte
(das uns als die Freiheit außerhalb eines durch Denken und Spra-

che gebildeten Gefängnisses erscheint) als Voraussetzung dafür akzeptieren, denken und sprechen zu können.

Aber damit ist das Rätsel nicht gelöst. Wir grübeln weiter und holen uns beim Anrennen gegen die Mauern dieses Gefängnisses Beulen oder fallen übereinander her. Aber wissen schließlich wenigstens eines: dass der Tod kein Rätsellöser ist. Und dass auch aus diesem Grunde jede Hoffnung auf den Tod eine Illusion wäre.

Suizid

Wenn Sie all das gelesen und erwogen haben, stellt sich die Frage: Warum überhaupt leben, oder warum bei Problemen und Widrigkeiten weiterleben, wenn man gelernt hat zu sterben? Die Menschen könnten zu der Entscheidung kommen, die ewigen Wiederholungen zu beenden, indem sie ihrem Leben ein Ende zu setzen, also das Sterben nicht irgendwann und irgendwie geschehen zu lassen, sondern es selbst herbeizuführen. Wir müssen uns also mit dem Suizid beschäftigen als einer – zumindest denkbaren – Möglichkeit, der Todesangst zu entkommen. Auch ohne Bezug auf Moralvorstellungen oder religiöse Grundsätze sind zum Suizid aber eine Reihe kritischer Anmerkungen erforderlich.

Wenn Sie sich suizidieren, bestimmen Sie zwar neben dem Zeitpunkt auch die Modalitäten des Sterbens, müssen aber sicherstellen, dass Sie wirklich sterben und Ihr Tun nicht etwa nur zu einer Beschädigung Ihrer selbst führt. Das ist eine ganz reale Gefahr. Um sie zu vermeiden, müssten Sie sich mit einer Radikalität suizidieren, die den sicheren Tod zur Folge hat. Das setzt ein Maß von Autoaggression voraus, über das viele im entscheidenden Augenblick nicht verfügen. Weil sie nicht darüber verfügen, überleben sie schwer verletzt. Sollten Sie nicht sicher sein, über dieses Maß von Autoaggression zu verfügen, müssten Sie sich Rat holen. Aber bei wem? Und mit welcher Sicherheit? Oder Sie versichern sich professioneller Hilfe (von Sterbehilfeorganisationen, die in einigen europäischen Ländern tätig sind, ihre Hilfe aber meist an Bedingungen wie unheilbare Krankheit mit schwerem und nicht behandelbarem Leiden knüpfen), was aber regelmäßig dazu führt, dass Sie in dem von dieser Hilfe vorgegebenen unpersönlichen Rahmen sterben und die Modalitäten Ihres Sterbens gerade nicht selbst bestimmen können. Bedenken Sie auch, dass Sie mit der Bestimmung von Zeitpunkt und Modalitäten des Sterbens auch die das Sterben begleitende Angst selbst herbeiführen, ohne zu wissen, mit welcher

Intensität sie auftritt. Diese Angst könnte (diese Möglichkeit können Sie nicht ausschließen) furchtbar sein, furchtbarer vielleicht als Ihre Leiden und all Ihr Lebensverdruss.

Lassen Sie dagegen das Sterben einfach geschehen, wann und wo es Sie ereilt, werden Sie sicher sterben, darum brauchen Sie sich dann nicht zu bekümmern. Die Modalitäten Ihres Sterbens sind dabei offen, Sie haben zumindest die Chance auf ein persönliches Sterben, wenngleich natürlich zuzugestehen ist, dass Sie auf die Modalitäten nur einen sehr geringen Einfluss haben. Trotz aller Vorsorge werden Sie vielleicht für die letzten Stunden doch noch in ein Krankenhaus gebracht und auf einem Flur abgestellt.

Zum Suizid gibt es noch einen anderen, tiefer gehenden Gesichtspunkt. Alle unsere bisherigen Überlegungen und alle Ausführungen brachten Gesichtspunkte, die wieder verworfen und ersetzt wurden durch neue Gesichtspunkte, denen es auch nicht anders ging. Dieses Vorgehen erfolgte vor dem Hintergrund eines tiefgehenden Skeptizismus, der die Dinge hin und her wendet und nichts ausschließt und nichts endgültig akzeptiert. Der Suizid ist die definitive Beendigung des Lebens. Wer den Skeptizismus verinnerlicht hat, kann sich nicht suizidieren. Denn immer bleibt ein Gesichtspunkt – bzw. es ist nicht auszuschließen, dass es ihn doch noch gibt –, der über das Gedachte und Erwogene hinausgeht. Vielleicht gibt es ja doch etwas, das uns den Tod lediglich als einen Übergang verstehen lässt, vielleicht ist die offensichtliche Absurdität der christlichen Heilshoffnung aus einem anderen Blickwinkel eben doch nicht absurd. Im Suizid gibt der Mensch eine definitive Antwort, die vielleicht falsch ist. Wer den Zweifel verinnerlicht hat, der wird sich nicht suizidieren.

Allerdings muss auch die Frage gestattet sein, ob ein derart durchgehender Skeptizismus (der alles in Zweifel zieht) nicht selbst der skeptischen Betrachtung bedürfte. Das ist sicher ein gewichtiges Argument. Denn wenn alles bezweifelt werden soll, müsste auch das Bezweifeln bezweifelt werden. Wenn man das konsequent befolgen wollte, könnte eigentlich nichts mehr gesagt werden, und der Skeptizismus höbe sich selber auf. Um bei der ersten, von wem auch immer getroffenen Feststellung wieder mit einem Zweifel anzusetzen: Eigentlich bliebe dann nur die Enthaltung allen Urteils. Über die Begründung der Angst vor Sterben und Tod und die Überwindung dieser Angst könnte dann nichts gesagt werden – was unbefriedigend wäre, wenn man bedenkt, dass sich diese Fragen geradezu aufdrängen. Um aus diesem Dilemma herauszukommen, wurde zwar eine skeptische Abwägung der Argumente durchgeführt, immer jedoch mit der Möglichkeit für den Leser, die skeptische Position zu verlassen und zu einer definitiven Überzeugung zu kommen.

Sterben lernen

Zum Schluss werde ich Ihnen noch eine Einstellung zum Leben vorstellen, die den Tod in das Leben einbezieht, und damit vielen Menschen ermöglichen könnte, unbeschwert und frei leben. Es handelt sich letztlich um eine Einstellung, wie sie in der Antike empfohlen oder sogar regelrecht geübt wurde (Seneca im 26. Brief an Lucilius).

Da Sie mit Sicherheit irgendwann einmal Sterben und Tod gegenüberstehen werden, wird es irgendwann einmal zu einem Zusammenbruch Ihres labilen Zustandes von vielleicht erreichtem Glücklichsein kommen. Sie sind dann ohne Möglichkeiten der Gegenwehr der Angst vor Sterben und Tod ausgeliefert, wenn Sie unvorbereitet sind. Sie sollten sich also aktiv gegen die Angst wappnen. Natürlich können Sie das erst, wenn Sie ein gewisses Lebensalter mit entsprechender Erfahrung erreicht haben. Denn erst dann wissen Sie, dass die Glücksversprechungen der Gesellschaft hohl sind. Erst wenn Sie deren Scheitern selbst erlebt haben, werden Sie sich von ihnen nichts mehr erwarten. Dann aber sollten Sie tätig werden und sich mit Sterben und Tod auseinandersetzen. Der Zeitpunkt ist nie zu früh, sehr leicht aber zu spät, weil Sie ausreichend Zeit für diese Auseinandersetzung brauchen.

Diese Auseinandersetzung beginnt damit, dass Sie sich mit dem Thema Sterben und Angst beschäftigen und dazu alle Beobachtungen, Erfahrungen und Gedanken zusammentragen, geradeso, wie wir es weiter oben gemacht haben. Sie müssen alles gründlich durchdenken, um es dann vielleicht zu verstehen. Verstehen ist die wesentliche Voraussetzung für die Überwindung von Angst. Einige von Ihnen werden dann allein schon aus diesem Verstehen heraus in der Lage sein, die Angst zu überwinden und gelassen mit den Gedanken an Sterben und Tod zu leben. Allerdings wissen Sie nie, was auf Sie zukommen wird. Es könnten Ereignisse eintreten, die Sie erschüttern und alles Verstehen wieder infrage stellen.

Denken Sie an das Sterben und den Tod naher Angehöriger. Und selbst wenn Sie zu einem Glauben an eine Auferstehung von den Toten und an das ewige Leben gefunden hätten, also sozusagen in Sicherheit wären, wären immer wieder Zweifel möglich. Sie sollten also noch einen Schritt weitergehen. Wenn Sie Sterben und Tod verstanden haben oder auch nur meinen, verstanden zu haben, sollten Sie das so erworbene Wissen in Ihr Leben einbeziehen. Wie sollte das geschehen?

Man kann Sterben als eine Reise verstehen, von der es keine Wiederkehr gibt. Niemand tritt eine solche Reise an, ohne Erkundigungen einzuziehen. Das haben Sie jetzt getan und sind zu einem Verständnis von Sterben und Tod gekommen, aber es kann jederzeit weitere Informationen geben. Bis zum definitiven Antritt der Reise müssen Sie also immer wieder Erkundigungen einziehen, um Ihre Vorbereitung gegebenenfalls immer wieder anzupassen zu können. Nun kann es bis zum Antritt der Reise noch viele Jahre dauern, aber auch sehr schnell gehen. Das wird Ihnen oft nur ganz kurzfristig mitgeteilt. Sie sind also mit dem Problem konfrontiert, einerseits eine noch nicht genau bestimmte Zeit weiterleben und andererseits jederzeit zur Reise bereit sein zu müssen. Sie sitzen in der Vorbereitung auf Sterben und Tod sozusagen auf gepackten Koffern. Mit einem Leben wie bisher ist das über Jahre hinweg nicht auszuhalten. Ihr Leben muss sich also ändern.

Jede Reise ist ein Abschiednehmen. Sie sollten es sich also zur Pflicht machen, sich von allen und von allem zu verabschieden. Und wirklich niemanden und nichts vergessen. Da Sie zunächst weiterleben müssen, können Sie sich natürlich nicht im wörtlichen Sinne von den Menschen verabschieden. Ihr Abschied ist ein innerlicher, Ihr Leben ist gelebtes Abschiednehmen, ohne dass das Wort Abschied überhaupt fällt. Es ist die Grundhaltung der Abschiedlichkeit, wie sie der Philosoph Wilhelm Weischedel genannt hat. Und Sie müssen sich auf das einüben, was Sie in dem fremden Land erwartet, nämlich nicht mehr zu sein. Diese Unvorstellbarkeit (nicht mehr zu sein) müssen Sie in Ihren Erfahrungsbereich übersetzen, um dann festzustellen: Wenn ich nicht mehr bin, werde ich nichts mehr haben. So müssen Sie sich vorbereiten.

Tägliche Übung

Wir sollten die Schritte im Einzelnen besprechen: Erstens erreichen Sie durch beständiges Üben, dass Sie täglich daran denken, sterben zu müssen, der Tag des Sterbens aber noch unbestimmt ist. Nach einiger Übung wird Sie der Gedanke bei Gesprächen des täglichen Lebens begleiten. Ihre Freunde erzählen von Reisen, wirtschaftlichen Unternehmungen oder sonstigen Aktivitäten. Sie hören interessiert zu, kommentieren die Pläne, zeigen sich auch begeistert, wenn eine neue, aufregende Tour geplant wird. Und machen natürlich wie bisher mit. Niemand bemerkt, dass alle diese Besprechungen und Unternehmungen bei Ihnen vor dem Hintergrund eines beständig aktiven Wissens um Sterben und Tod ablaufen. Es ist natürlich das alte „Memento mori" (oder „Memento moriendum esse": „Bedenke, dass Du sterblich bist"), das mittelalterliche Mönche begleitete, aber als Mahnung schon in der Antike bekannt war. Wenn es Ihnen gelingt, das „Memento mori" beständig aktiv sein zu lassen, verändert sich Ihre Sicht auf die Welt. Erfolge sind weiterhin schön, Misserfolge weiterhin belastend. Sie werden aber feststellen, dass eine merkwürdige Dämpfung eingetreten ist. Sie relativieren Erfolge und Misserfolge. Ein beruflicher Misserfolg zum Beispiel belastet Sie nicht wirklich, auch wenn Sie den Freunden gegenüber die erwartete Enttäuschung äußern. Sie werden irgendwann einmal nach einer ärztlichen Untersuchung gesagt bekommen, dass es Krebs ist und nur eine eingreifende Operation Heilung bringen kann. Sie werden vielleicht noch betroffen sein, weil Sie wissen, dass die Stunde näher rückt, am Boden zerstört sind Sie nicht. Sie denken sich: „Alles geht seinen Gang" und unterwerfen sich den Eingriffen, weil sie zur Vorbereitung auf Sterben und Tod einfach dazu gehören.

Zweitens: Wenn Sie durch regelrechtes Üben erreicht haben, dass Ihr Leben vor dem Hintergrund des „Memento mori" abläuft, sollten Sie als nächsten Schritt darangehen, auch Ihre Lebensplanung zu ändern. Nehmen Sie als Beispiel einen jungen Mann, der eine Berufung zum Schriftsteller in sich spürt und vielleicht auch die entsprechenden Fähigkeiten hat und ein großes Werk konkret begonnen hat. Wenn er jetzt stirbt, nimmt ihm der Tod die Möglichkeit, dieses Werk, auf das er sein ganzes Leben ausgerichtet hat, zu vollenden. Sterbend müsste er erkennen, dass eine derartige Ausrichtung sinnlos war, alle Entbehrungen und Enttäuschungen jetzt plötzlich sinnlos sind. Denn sie erfolgten daraufhin, dass es eine Zukunft gibt, die es mit dem Tod nicht mehr gibt. Wenn Ihr Leben vor dem Hintergrund des „Memento mori" abläuft, sind Sie dieser Bedrohung nicht mehr ausgesetzt. Weil Ihre Lebensplanung durch den Tod allenfalls etwas gestört, aber nicht mehr erschüttert werden kann. Denn Sie richten Ihr Leben so ein, dass die Lebensdauer (die nicht vorhersehbar ist) kein wesentlicher Teil der Lebensplanung ist. Das muss nicht bedeuten, dass Sie dann auf ein großes Werk verzichten. Sie arbeiten daran, wie andere auch. Vielleicht wird es fertig, das unterliegt Unwägbarkeiten. Darauf haben Sie gar keinen Einfluss. Und im Übrigen ist es ja auch ganz unsicher, ob es das große Werk überhaupt gibt. Ob es nicht eine Illusion ist, wie vieles andere auch. Viele große Werke waren groß zu einer bestimmten Zeit und sind es jetzt nichts mehr. Gut, mit dieser Haltung wird es ein großes und vielleicht tragisches Scheitern nicht mehr geben. Aber hat das irgendeine Bedeutung? Für welches Ziel sollte sich ein tragisches Scheitern lohnen?

Drittens: Sterben heißt Abschiednehmen ohne Möglichkeit der Rückkehr. Der Abschied vom Leben gelingt ohne Tränen, wenn Sie ihn Ihr ganzes Leben lang üben. Abschiednehmen vom Leben ist insofern Vorbereitung darauf, dass Ihnen das Leben genommen wird. Und damit kommen Sie nur dann zurecht, wenn Sie nicht an dem hängen, was Ihnen genommen wird. Sie sollten also einen Zustand erreichen, wo Sie nicht am Leben hängen. Denn dann ist es Ihnen gleichgültig, wenn es Ihnen weggenommen wird. Das Abschiednehmen verläuft in mehreren Stufen: Ihr Leben läuft äußerlich weiter. Sie stehen auf, frühstücken, fahren zur Arbeit, kaufen ein und legen Ihr Geld an. Ein Außenstehender könnte keine Veränderung erkennen. Gewandelt hat sich Ihre Einstellung. Nehmen Sie zum Beispiel Käufe. Sie kaufen zwar weiter Kleidung, reduzieren die Käufe aber sukzessive auf das Nötige. Was ist nötig? Das, was Sie zum Leben und für die anstehende Reise brauchen. Genauer gesagt lassen Sie das begrenzte Leben bestimmen, was nötig ist. Und seine Vorgaben sind eindeutig: Sie müssen sich kleiden, essen und irgendwo schlafen. Diese Dinge kaufen und planen Sie. Wenn Sie mehr kaufen und weiter planen, laufen Sie Gefahr, das Abschiednehmen aus den Augen zu verlieren. Dass Sie das unter den Zwängen einer Konsumgesellschaft immer wieder tun werden, ist wahrscheinlich. Prüfen Sie deshalb bei allen Käufen und jeder Planung, inwieweit sie mit Ihrer Haltung des Abschiednehmens oder auch der Abschiedlichkeit vereinbar sind. Wenn Sie sich durchgängig in allen Ihren Aktivitäten so verhalten, werden Sie feststellen, dass sich Ihre Haltung verändert. Sie gewinnen Distanz zum Leben, ohne aus dem Leben zu scheiden. Sie können lachen, sich freuen oder auch traurig sein, sind aber nicht mehr unreflektiert dabei. Sie sind auf der Straße oder auf Plätzen unter Menschen und wundern sich, dass Sie dabei sind, ohne wirklich dabei zu sein. Die Menschen werden Gegenstand Ihrer Betrachtung. Sie wundern sich, warum diesen Menschen alles so wichtig ist. Abschiednehmen prägt aber nicht nur ihr aktives Handeln, sondern auch Ihre Haltung zu dem, was mit Ihnen geschieht. Sie altern, ein unablässig ablaufender Prozess, der Sie stetig verändert. Stellen Sie sich vor, man könnte diesen Prozess auf einen Tag komprimieren. Innerhalb eines Tages durchliefen Sie alle Lebensalter. Wenn man Sie filmte, könnte man Ihr Altern verfolgen, während Sie an einem Tisch sitzen und essen. Altern ist ein fortwährendes Abschiednehmen von Möglichkeiten, die Sie hatten und nie mehr haben werden. Als Schüler können Sie nicht mehr im Sandkasten spielen, als Student sind Sie auf ein bestimmtes Studium festgelegt, als erwachsener Mensch arbeiten Sie in einem ganz bestimmten Beruf, als alte Frau bekommen Sie die Kinder nicht mehr, die Sie bis dahin nicht bekommen haben. Wenn Sterben Abschiednehmen vom Leben ist und Leben fortwährendes Altern, dann kommen Sie zu dem Paradoxon, dass Sie keine Möglichkeiten hätten, den Abschied vom Leben zu üben, ohne zu altern. Sie müssen geradezu dankbar sein, dass Sie altern, denn nur so lernen Sie das Abschiednehmen vom Leben und nur so verlieren Sie Ihre Angst vor dem Tod. Graue Haare, nachlassendes Gedächtnis, Müdigkeit und Kälteempfindlichkeit zu ertragen, sind dabei noch die leichtesten Übungen. Schwerer wird es mit dem Ertragen von Krankheiten, die andererseits aber wesentlich bessere Übungen sind.

Viertens: Ich höre schon die Einwände, die jetzt kommen werden. Sie werden vielleicht sagen, dass eine solche Haltung das Leben wie mit einem grauen Schleier überzieht. Kann denn ein so lebender Mensch sein Leben noch genießen, sich an Erfolgen freuen und für die Zukunft planen? Verdirbt sich nicht jeder einfach sein Leben, der so lebt? Dieser Einwand trifft nicht. Sie sollen gerade nicht das Leben mit einem grauen Schleier überziehen. Sie sollen sich freuen und Pläne machen. Empfohlen ist lediglich, dass Sie es nicht mehr unreflektiert tun, sondern vor dem Hintergrund des „Memento mori" leben. Denn erst wenn Sie so die Angst vor Sterben und Tod wirklich gebannt haben, können Sie sich unbeschwert freuen. Erst dann ist eigentlich Genuss überhaupt möglich. Erst dann können Sie Dinge tun, die Sie nie getan hätten, wenn Sie noch Sklave Ihrer Angst vor Sterben und Tod wären. So hat Seneca in dem oben erwähnten 26. Brief an Lucilius geschrieben: „Wer zu sterben gelernt hat, Sklave zu sein hat er verlernt." Ihr Leben wird gerade nicht mit einem grauen Schleier überzogen, Sie sind nur einen Schritt neben das Leben getreten, auf das Sie aufmerksam blicken.

Fünftens stellen sich weitere Fragen: Kann man dauerhaft seine Angst vor Sterben und Tod überwinden? Oder wird das nur in einzelnen ausgewählten Augenblicken der Fall sein? Das wäre misslich, denn dann wäre keine durchgängige Planung des Lebens möglich. Sie würden hin und her geworfen.

Es kommt also alles darauf an, einen dauerhaften Zustand zu erreichen, in dem die Angst vor dem Tod überwunden ist. Das kann allerdings nur als ein Prozess geschehen, der sich langsam auf das erstrebte Ziel hinbewegt und bei dem es immer wieder Rückschläge gibt. Deshalb fragen bzw. überprüfen Sie sich immer wieder, inwieweit Sie die einzelnen Gründe für Angst vor Sterben und Tod zuverlässig ausgeschaltet haben. Machen Sie sich die Entwicklung klar, die Sie durchlaufen haben, denn nur dann haben Sie die Chance, in dem Prozess einen Schritt weiter zu kommen. Entscheidend ist dabei, wie Sie auf Dauer in der Bewältigung der einzelnen Angstgründe zurechtkommen. Aber selbst wenn es Ihnen zu einem bestimmten Zeitpunkt gelungen sein sollte, die Gründe für Angst vor Sterben und Tod weitgehend auszuschalten, hätten Sie damit noch keinen belastbaren Dauerzustand erreicht, in dem Sie sagen könnten: Ich habe gelernt zu sterben, ich weiß zu sterben und habe keine Angst mehr vor Sterben und Tod. Denn das Leben braucht Ihre Angst als den Motor, der das Leben weitertreibt, und wird sich immer wieder etwas einfallen lassen, um Sie zurück in die Angst zu bringen.

Tägliche Probleme

Unglück

Unter den Bedingungen unseres Lebens auf der Erde ist ein Zustand dauerhaften Glücklichseins nicht möglich, wie wir weiter oben gesehen haben. Einen solchen Zustand gäbe es nur im Idealzustand eines ewigen Lebens in einem Jenseits, in dem es Veränderungen nicht mehr gäbe, mithin also auch kein Leben. Einzige Ausnahme wäre, wenn Sie an ein ewiges Leben unerschütterlich glauben könnten, dann hätten Sie in der Tat ein Glücksversprechen, das Sie nicht enttäuschen kann. Denn die unausbleibliche Konfrontation mit Sterben und Tod im diesseitigen Leben zeigte Ihnen dann nur, dass Sie sich auf dem Weg dorthin befinden. Allerdings müssten Sie dafür glauben und Ihren Glauben auch gegenüber vielleicht ständigen Anfechtungen bewahren können. Und das könnte schwer sein.

Schmerzen und Leiden

Auch wenn Sie sich dafür entschieden haben, Schmerzen und Leiden durch palliative Maßnahmen auszuschalten, ist diese Entscheidung oft nicht endgültig. Denn immer wieder kommt der Gedanke, in geistiger Klarheit zu sterben, sich von den Angehörigen zu verabschieden, ihnen vielleicht noch etwas an Ermahnungen, Ratschlägen und Trost mitzugeben. Dann werden Sie unsicher, ob Sie die Angebote der Palliativmedizin annehmen sollen, schwanken in Ihrem Entschluss und beginnen sich wieder zu ängstigen.

Was wäre dazu zu sagen? Natürlich wird es immer wieder Menschen geben, die erklären, dass Sie Schmerzen nicht fürchten. Aber diese Behauptung ist in der Regel nicht viel wert, wenn die Betreffenden noch keine Schmerzen hatten. Belastbar ist sie erst, wenn die Betreffenden über Tage und vielleicht Wochen quälende Schmerzen ausgehalten haben. Die meisten Menschen schaffen das nicht. Sie sollten also vorsichtig sein und lieber bei der einmal getroffenen Entscheidung bleiben. Sagen Sie sich, dass Ihr Leben mit Einsetzen der Schmerztherapie geendet hat. Was Sie Ihren Angehörigen bis dahin nicht gesagt haben, werden Sie ihnen auch danach nicht mehr sagen können. Und machen Sie sich klar, welchen Wert Ihre Ermahnungen, Ratschläge und Trost überhaupt haben. Sie selbst und alle Ihre Worte werden schnell vergessen sein.

Nicht-Mehr-Dabeisein

Immer wieder werden Ereignisse in Ihrem Leben auftreten, wo Sie das Gefühl haben, da möchten Sie doch zu gern noch dabei sein. Stellen Sie sich vor, die Enkeltochter heiratet, deren Lebensweg Sie fast intensiver als den der eigenen Kinder verfolgt haben. Es ist Frühjahr und die Hochzeit ist im Herbst, und Sie bekommen Angst, der Krebs könnte schneller sein. Dann sind Sie nicht mehr dabei. Und verpassen etwas. Was wäre da zu tun?

Machen Sie sich klar, was auf die Hochzeit meistens folgt und nur in seltenen Fällen nicht folgt: Die glückliche junge Frau wird sich die verweinten Augen reiben oder richtig böse werden. Natürlich nicht immer, das können Sie ohne Weiteres zugeben. Und auch das immer wieder gehörte Argument lässt Sie kalt, dass Sie das Glas halb leer sehen, das doch eigentlich halb voll ist. Denn Sie wissen: Man kann eine Sache nicht so oder so sehen, sondern man kann und muss eine Sache so und so sehen, wenngleich auch das vielleicht nicht die richtige Antwort ist. Weil es vielleicht gar keine richtige Antwort gibt. Eigentlich sollte man also gar nichts sagen. Dass man trotzdem etwas sagt, ist schlicht der Tatsache geschuldet, dass man als Mensch zumindest irgendetwas sagen muss. Sie wissen also, dass es einerlei ist, ob Sie bei irgendeinem Ereignis dabei sind oder nicht. Weil es kein Ereignis gibt, das man nicht so und so sehen könnte, die Ereignisse also letztlich beliebig sind.

Enttäuschte Erwartungen

Auch wenn Sie noch so konsequent auf die Erfüllung von Erwartungen verzichten und sich nichts erwarten, werden Sie immer wieder mit Bestrebungen der Gesellschaft konfrontiert, in Ihnen Erwartungen zu wecken. Jeder Politiker weckt Erwartungen, mit denen die meisten Politiker regelrecht spielen, neue Forschungsergebnisse, zum Beispiel in der Medizin, wecken die Erwartung eines möglichen „Durchbruchs" bei der Behandlung bösartiger Krebserkrankungen, die Enkeltochter zeigt sich in der Schule als ein intelligentes Kind und weckt die Erwartung einer strahlenden Karriere.

Spielen Sie meinetwegen mit, hören Sie sich den Politiker an, lesen Sie aktuelle Forschungsergebnisse der Medizin, loben Sie die Enkeltochter. Aber lassen Sie sich innerlich auf nichts ein. Wenn Sie auch nur ein Stück weit auf Erwartungen zugehen, sind Sie verloren. Nicht nur, dass die Erwartungen enttäuscht werden – jede Erwartung zieht wie ein Rattenschwanz weitere Erwartungen nach sich. Denn nichts ist natürlicher, als eine neue Erwartung zur Kompensation einer enttäuschten Erwartung. Das ginge so weiter bis zu Ihrem letzten Atemzug. Und hinter aller Enttäuschung stünde ultimativ der Tod, vor dem Sie dann wieder Angst haben müssten.

Sie werden feststellen, wie schwer es ist, auf Erwartungen zu verzichten. Zumal Sie ja in der Gesellschaft mitmachen müssen. Betrachten Sie deshalb das Mitmachen eher als eine Art Mitspielen, dem Ihr eigentliches Leben gegenübersteht, in dem es Erwartungen nicht gibt. Ziehen Sie ab und zu für sich Bilanz und fragen Sie sich, ob nicht vielleicht doch wieder und manchmal durch eine versteckte Hintertür Erwartungen in Ihr Leben getreten sind. Dann müssten Sie sofort gegensteuern.

Entwertung

Wir hatten gesehen, dass wir der Entwertung durch den Tod nicht dadurch entkommen können, dass wir uns selbst entwerten, denn dann könnten wir nicht mehr leben. Wir hatten aber auch gesehen, dass wir den eigenen Wert und den Wert der Gegenstände, die unser Leben bestimmen, so gering wie möglich ansetzen sollten. Sie werden aber feststellen, wie schwer das ist. Immer wieder werden Sie versucht sein, sich und den Gegenständen Ihres Lebens einen besonderen Wert zuzusprechen. Und diesen Wert haben Sie und die Gegenstände Ihres Lebens nur in einem Leben, das Sie lieben und das der Tod mit radikaler Entwertung bedroht. Durch den Tod verlieren Sie das alles, und das macht Ihnen Angst. Wenn Sie Ihr Leben nicht lieben und ihm keinen hohen Wert zusprechen, haben Sie wenig zu verlieren und auch wenig Angst. Aber kann man leben, ohne sein Leben zu lieben und ihm einen Wert zuzusprechen? Das ist in der Tat eine heikle Frage. Denn wer sein Leben nicht liebt und ihm keinerlei Wert zuspricht, hätte auch keinerlei Veranlassung, Anstrengungen zu seinem Erhalt zu unternehmen und könnte im Grunde gleich darauf verzichten. Allerdings hätte er auch keine Angst vor dem Tod, die er in dem Maße zunehmend bekommt, indem er das Leben liebt und deshalb sich selbst und die Gegenstände seines Lebens für wertvoll hält. Immer wieder gilt es also den Kompromiss zu finden: Schreiben Sie sich gerade so viel Wert zu, wie zum Leben notwendig ist, oder: Nehmen Sie sich und die Gegenstände Ihres Lebens nicht wichtig.

Verlassenheit

Immer wieder und mit zunehmendem Alter immer häufiger werden Sie mit Verlassenheit konfrontiert. Der Partner stirbt, Freunde und Freundinnen werden krank und sind nicht mehr in der Lage, Sie zu besuchen, die Kinder arbeiten in einer anderen Stadt oder erklären lapidar, dass sie keine Zeit haben. Sie sind viel allein und könnten sich verlassen fühlen. Und schließlich zieht mit Bekanntgabe der tödlichen Diagnose unabweisbar Verlassenheits- und Todesangst auf. Diese Entwicklung ist mehr oder weniger zwangsläufig. Es ist die ausgesprochene Ausnahme, dass jemand bis zu seinem Tod in der freundlichen Atmosphäre einer großen Familie lebt.

Was können Sie tun? Da Sie im Alter öfter allein sein werden als in jüngeren Jahren, sollten Sie sich langsam daran gewöhnen. Bleiben Sie tageweise allein und prüfen Sie sich, wie Sie darauf reagieren. Legen Sie sich Strategien zurecht, wie Sie Einsamkeit aushalten. Bewährt hat sich dabei konsequent durchgeführte körperliche oder auch geistige Arbeit. Sie werden immer etwas finden, und wenn Sie lediglich alte Fotografien neu ordnen und beschriften. Denken Sie daran, dass Sie nicht zu lange von den Menschen isoliert sein können, um nicht Schaden zu nehmen, im leichtesten Fall mit Verschrobenheit, ansonsten bis hin zu regelrechten geistigen Defiziten mit Einschränkungen im Bereich von sprachlichen Ausdrucksmöglichkeiten und der Konzentration. Gehen Sie also zum Beispiel Einkaufen, telefonieren Sie (wenn es noch jemanden gibt, mit dem Sie telefonieren können), besuchen Sie Veranstaltungen. Allerdings sind solche Aktivitäten eine regelrechte Gratwanderung. Sie brauchen sie, um geistig stabil zu bleiben, aber wenn Sie Gefallen daran finden, könnten Sie mit einem Mal das Leben wieder lieben und auf den Gedanken kommen, dass Ihnen selbst ein

Wert zukommt. Dann hätten Sie wieder, in Ihrem Bemühen, die Verlassenheit zu überwinden, dem Tod Macht und Raum als dem ultimativen Entwerter gegeben, der Ihnen das Leben (das Sie jetzt wieder lieben) nimmt und Ihren Wert zerstört. Diese Aktivitäten dürfen deshalb nie mehr sein als Übungen, um Ihre geistige Stabilität zu erhalten.

Für den letzten Schritt könnten Sie versuchen, einen Menschen zu finden, der Sie nicht verlässt. Allerdings ist eine derartige Suche mit so vielen Unwägbarkeiten behaftet, dass Sie eigentlich nichts erwarten können. Denn ein solcher Mensch müsste bis zur Selbstaufopferung bereit sei, Sie beim Sterben zu begleiten, das sich über lange Zeit hinziehen kann. Das gelingt eigentlich nur Eltern bei ihren Kindern, manchmal auch einem Ehepartner. In den professionellen Sterbeeinrichtungen der Gesellschaft finden Sie eine solche aufopfernde Begleitung in der Regel jedenfalls nicht. Auch wenn der Dienstplan dieser Einrichtungen immer eine Sterbebegleitung ausweist.

Vereinzelung

Auch wenn Sie im Sterben nicht verlassen sein sollten, müssen Sie diesen Schritt doch allein bewältigen. Diese Gegebenheit ist unabänderlich, allein schon deshalb, weil der Tod das Ende Ihres individuellen Lebens ist und Sie, und nicht die an Ihrem Bett sitzende Tochter, sterben. Alles, was Sie tun können, ist eine über Jahre fortgeführte Beschäftigung mit dem Thema Sterben und Tod, die vielleicht zu einer Art Gelassenheit führen kann. Sehr bewährt hat sich dabei, wenn Sie andere Sterbende beim Sterben begleiten. Den besten Trost hat, wer andere tröstet.

Vergessenheit

Verlassenheit und Vergessenheit treten zumeist zusammen auf. Während sie gegen die Verlassenheit vielleicht noch etwas unternehmen können, holt Sie das Gefühl der Vergessenheit unweigerlich ein, je älter Sie werden. Wenn Sie Familie haben, gibt es immer wieder jemanden, der Sie nicht vergisst und gelegentlich besucht, wobei Sie nie genau wissen, ob er das nicht doch in bestimmten Absichten tut, etwa im Hinblick auf ein Erbe. Freunde (wenn es denn noch welche gibt) werden alt und vergesslich. An der Arbeitsstelle sind Sie nach wenigen Jahren vergessen. Wenn Sie wissenschaftlich gearbeitet haben, verblasst die Erinnerung an Sie mit jedem verflossenen Jahr immer weiter, schließlich bezieht sich in wissenschaftlichen Arbeiten niemand mehr auf Sie. Einige Nachbarn wissen, dass es Sie gibt. Wenn Sie sich einige Tage nicht außer Haus gezeigt haben, erinnert man sich an Sie und ruft vielleicht die Polizei. Nach Ihrem Tod geht es dann ganz schnell, nach Ihrer Beerdigung, Auflösung der Wohnung und Verteilung des Erbes ist auch die Erinnerung meist schon begraben. Es gibt natürlich immer wieder Ausnahmen, aber zumeist läuft es so ab.

Vergessenheit ist – zusammen mit Verlassenheit – einer der tiefsten Gründe für Todesangst, und es gibt wenig, was Sie dagegen tun können. Sie können sich, wenn Sie alt und gebrechlich sind, vielleicht gerade noch zeigen und sich mit diesem Vorzeigen der eigenen Gestalt in Erinnerung bringen, nachhaltig wird diese Erinnerung für andere Menschen kaum sein. Sie müssen mit Vergessenheit leben.

Hilflosigkeit

Je älter sie werden, desto schwerer wird Ihnen alles fallen und desto mehr Hilfe brauchen Sie. Wenn Sie die Entwicklung betrachten, werden Sie in der Ferne (die wie unter einem Zoom immer näher rückt) den Punkt erkennen, wo Sie die Hilflosigkeit des Sterbenden ereilt, der nichts mehr selbst in der Hand hat und nur noch auf das warten kann, was mit ihm passiert. Sie können natürlich Sport treiben, ein sogenanntes gesundes Leben führen, regelmäßig Ärzte aufsuchen und Kuren machen. Mehr als einen kleinen Aufschub können Sie damit nicht erzielen.

Unheimlichkeit

In Verlassenheit und Vergessenheit und in Erwartung völliger Hilflosigkeit werden Sie in Ihrem einsamen Haus Stunden haben, in denen Sie die Unheimlichkeit des Todes spüren. Sie sitzen allein in Ihrem hell erleuchteten Zimmer, der Fernseher läuft, Sie essen etwas. Dann haben Sie plötzlich das Gefühl, dass das Licht verblasst und die Geschichten im Fernseher völlig absurd werden. Sie bekommen das Essen nicht mehr herunter. Dann wissen Sie, dass der Tod schon da ist und sich nur noch etwas versteckt und sich vielleicht an Ihrer Angst weidet. Dann kommt Ihnen in den Sinn, dass er es doch bitte kurz machen soll, da es ohnehin sein muss. Aber nichts geschieht. Seine Anwesenheit ist greifbar, aber er scheint Sie nur zu beobachten. Sie möchten schreien, bekommen aber keinen Ton heraus. Am Morgen und mit Geräuschen auf der Straße ist der Spuk vielleicht vorbei, aber Sie wissen, dass er sich von jetzt ab jede Nacht wiederholen wird, sodass jede Nacht wie eine Drohung vor Ihnen liegt. Die Unheimlichkeit des Todes ist die ständige Begleiterin von Verlassenheit und Vergessenheit. Sie entkommen ihr nicht, wenn es Ihnen nicht gelingt, mit Verlassenheit und Vergessenheit fertig zu werden. Dass das nur sehr beschränkt möglich ist, haben wir weiter oben gesehen.

Lebensangst

Da die Auflösung von Lebensängsten noch die besten Ansätze zur Bewältigung von Todesangst gibt, sollten Sie beständig daran arbeiten. Prüfen Sie sich immer wieder, ob Sie wirklich auf alle Erwartungen und Lebensziele verzichtet haben, deren Erreichung der Tod vereiteln könnte. Das ist möglich, allerdings nur bedingt (denn Sie leben ja in einer Gesellschaft, die derartige Lebensziele zur Pflicht macht), wenn Sie auf Karriere und Vermögen verzichten. Wie wir gesehen haben, werden Sie allerdings bei einem Verzicht auf Liebe (ein Lebensziel, das der Tod in besonderer Weise vereiteln kann) in Konflikte geraten, denn dann verzichten Sie auf praktisch die einzige Möglichkeit, Angstgründe wie Vergessenheit und Verlassenheit zu bewältigen. Eine Suche nach Liebe macht Sie anfällig für Lebens- und Todesangst und ist doch die wesentliche, wenn nicht die einzige Möglichkeit, Ängste in Zusammenhang mit Vergessenheit und Verlassenheit zu bewältigen. Sie stehen vor einem praktisch unlösbaren Dilemma. Kompromisse gibt es nicht, ein bisschen Liebe hilft Ihnen nicht, denn nur die unbedingte Liebe hat die Chance, Sie aus Ängsten im Zusammenhang mit Vergessen und Verlassenheit zu befreien.

Hier kann es auch keinen Rat geben. Überlassen Sie sich dem, was Ihre Natur Ihnen vorgibt. Eine unbedingte Liebe kennt kein Kalkül. Sie lieben unbedingt, das ist das, was Sie wollen, und scheitern dann vielleicht doch. Das wird sich zeigen. Oder Sie verzichten auf Liebe, weil Sie ein Scheitern nicht ertragen könnten und hoffen darauf, dass es vielleicht doch Umstände gibt, die Vergessenheit und Verlassenheit erträglich machen.

Unwissenheit

Sie sollten sich mit Sterben und Tod immer wieder beschäftigen, weil sich die Erkenntnisse dazu ändern und die fortlaufende Verbesserung Ihrer Kenntnisse Ihnen Angst nehmen kann. Sie müssen wissen, was auf Sie zukommt. Weichen Sie keinem Sterbefall in Ihrer näheren oder weiteren Umgebung aus. Fragen Sie Verwandte und Bekannte nach den Umständen des Sterbens. So wird Ihr Wissen gefestigt und Ängste, die allein aus falschen Vorstellungen resultieren, abgebaut.

Allerdings geraten Sie auch hier wieder in ein Dilemma: Die Beschäftigung mit Sterben und Tod ist natürlich nicht vereinbar mit einer Verdrängung dieser Fragen. Immerhin kann eine Verdrängung Sie über viele Jahre von Angst entlasten. Dass die Verdrängung irgendwann einmal zusammenbricht, ist eine andere Frage. Sie könnten sich auf den Standpunkt stellen, einige durch Verdrängung erlangte angstfreie Jahre wiegen einen plötzlichen Angsteinbruch auf. Darüber hinaus gibt es gescheite Menschen (wie zum Beispiel den Philosophen Spinoza), die die Verdrängung geradezu empfehlen: „Nicht an den Tod denken." Wieder bleibt es Ihrer Natur überlassen, wie Sie vorgehen wollen. Einen allgemeinen Rat dazu kann es nicht geben, da die menschliche Natur doch sehr differiert.

Eines sehen Sie bei diesen Betrachtungen: Einen Königsweg aus der Angst vor Sterben und Tod gibt es nicht. Wenn wir einen Erfolg versprechenden Weg gefunden zu haben meinen, geraten wir umgehend in ein Dilemma, weil dieser eine Weg einen anderen blockiert.

Verlust der Freiheit

Wir haben gesehen, dass wir frei sein wollen, weil Freiheit unsere Würde begründet. Wir sind ins Leben gekommen, ohne es zu wollen, und haben den Tod dazubekommen. Wir haben die Freiheit, Leben und damit Sterben und Tod immer wieder anders zu verstehen. Wir wären frei, wenn wir der Notwendigkeit unseres Sterbens zustimmen könnten. Dann gäbe es den Widerspruch zwischen sterben müssen und nicht sterben wollen (der unsere Unfreiheit begründet) nicht mehr. Allerdings haben wir auch gesehen, dass die Auflösung dieses Widerspruchs ein Verständnis unseres Menschseins voraussetzte, das wir wohl unwiederbringlich verloren haben.

Leid der Zurückbleibenden

Auch hier geraten Sie wieder in ein Dilemma: Wenn Sie einen Menschen haben, der Sie liebt, dann haben Sie vielleicht jemanden, der Sie im Sterben zumindest ein Stück begleitet. Aber Sie wissen, dass dieser Mensch leidet, wenn Sie sterben, und leiden deshalb selbst. Und wünschen sich vielleicht, dass Sie den anderen begleiten könnten, um sofort zu erkennen, dass damit nichts gewonnen wäre, weil beide Liebenden leiden müssen. Und weil Sie bei einem Verzicht auf Liebe in Verlassenheit und Vergessenheit vielleicht noch mehr leiden würden.

Verfehltes Leben

Wer sein Leben durch die Gebote der Vernunft bestimmen lässt (zum Beispiel gerecht zu sein und Gutes zu tun), hat einen großen Schritt aus der Todesangst getan. Er braucht kein Ziel darüber hinaus (die Gerechtigkeit, das Gute etc.), dessen Erreichen der Tod vereiteln könnte. Sie können aber nicht immer nur gerecht handeln und nur Gutes tun. Probleme bekommen Sie deshalb, weil Sie das Leben notwendig zu falschen Entscheidungen oder auch zu Inkonsequenzen zwingt. Denn Sie können beispielsweise nur dann gerecht sein, wenn Sie alles wissen, was in dem betreffenden Fall gewusst werden müsste, um gerecht zu sein. Das können Sie aber notwendigerweise nicht. Und so werden Sie irgendwann einmal ungerecht sein.

Wenn Sie so mehrfach erleben, dass Sie scheiterten (weil Sie ungerecht waren oder nichts Gutes taten), könnten Sie zu der erschreckenden Feststellung kommen, dass Sie Ihr Leben notwendigerweise verfehlen müssen, weil Sie die geforderten Kriterien an ein gelungenes Leben gar nicht erfüllen können. Und Sie wollen dann in Reaktion darauf vielleicht einfach nur „leben", und das auch noch gut. Sie wären dann wieder in einem Zustand, den Sterben und Tod jederzeit beenden können, und damit wieder in der Todesangst.

Hier wäre zu raten, nicht zu rigoros zu sein und ein einmaliges oder auch mehrmaliges Scheitern nicht zum Anlass zu nehmen, einen ganzen Lebensentwurf scheitern zu lassen. Versuchen Sie immer wieder, so zu leben, dass die Gebote der Vernunft Ihr Leben bestimmen. Sie hätten dann zumindest einen kleinen Schritt aus der Todesangst getan.

Verlust der Individualität

Wir haben gesehen: Sie sterben, seit Sie leben. Und Sie beobachten so im Laufe Ihres Lebens (also im fortlaufenden Sterben), wie Ihre Einmaligkeit und Unwiederbringlichkeit (von der Sie wie selbstverständlich ausgehen und auf die Sie stolz sind) langsam verblasst. Zum Schluss sind Sie einfach nur noch eine alte Frau oder ein alter Mann, im Heer der Alten, von anderen kaum zu unterscheiden. Das Sterben und schließlich der Tod bedrohen Ihre Einmaligkeit und Unwiederbringlichkeit und bringen sie schließlich zum Einsturz wie eine hohle Fassade im Herbststurm. Das macht Ihnen Angst, wenn es Ihnen nicht vorher schon gelungen ist, die hohle Fassade selbst zum Einsturz bringen. Das aber ist sehr schwierig und wird von den meisten Menschen zeit ihres Lebens nicht geschafft. Denn diese Fassaden sind notwendig dafür, dass Sie selbst und die menschliche Gesellschaft weiterlaufen. Denn stellen Sie sich vor, allen Menschen wäre klar, dass sie nicht einmalig und nicht unwiederbringlich sind, sondern nichts als Variationen, die sich untereinander kaum unterscheiden (wenn man Haarfarbe, Größe, Stimme usw. nicht als wesentlich ansieht). Dann hätten diese Menschen zwar keine Angst mehr vor dem Tod, aber menschliche Gesellschaft wäre nicht mehr möglich. Und nicht zu vergessen: Viele Menschen brauchen diese Illusion von Einmaligkeit und Unwiederbringlichkeit für ihr Selbstwertgefühl, weil sie es nicht ertragen können, nichts als eine belanglose Variation zu sein.

Wenn Sie aber in dieser Illusion gefangen bleiben, werden Sie Gefangener ihrer Todesangst bleiben. Sie könnten dann in Ihrem Selbstverständnis auf den Gedanken kommen, dass Ihr Tod ein schwerer Verlust für Ihre Familie, ja eigentlich für alle Menschen ist, eben weil Sie so einmalig und unwiederbringlich sind. Und jede Todesanzeige bestärkt Sie darin, denn in allen Anzeigen wird regelmäßig der unwiederbringliche (nur selten der große) Verlust beklagt, den der Verstorbene für die noch Weiterlebenden bedeutet. Rettung kann nur die bedingungslose Desillusion bezüglich des eigenen Wertes bringen, aber wer ist dazu in der Lage?

Angst vor der Unendlichkeit

Wir haben den Tod als Negation alles Endlichen bezeichnet und Unendlichkeit als Prinzip des Todes erkannt und festgestellt, dass die Angst vor dem Tod Angst vor der Unendlichkeit und damit Angst vor Gott ist, der Unendlichkeit als ein wesentliches Attribut hat. Ob wir uns Gott als ein Prinzip denken oder einen personalen Gott annehmen, den es „wirklich gibt", das wollen wir offenlassen, wenngleich unser Denken uns eher ein Prinzip nahelegt, das aus unserem Denken resultiert. Wir hatten gesehen, dass es eine Hoffnung auf ein individuelles Weiterleben nach dem Tod aus dem Prinzip Gott nicht gibt, und damit keine Hoffnung, so die Angst vor dem Tod zu überwinden. Der Verstand erweist eine solche oder auch andere Hoffnungen als völlig unbegründet, auch wenn er verzweifelt nach einer solchen Lösung sucht.

Urangst

Die Todesangst ist wesentlich auch eine Urangst. Was immer Sie gegen die Todesangst auch aufgeboten haben, wird vermutlich unter der elementaren Kraft dieser Angst zum Schluss einfach zusammenbrechen. Sie könnten Ihre letzten Kräfte mobilisieren, um auch noch mit dieser Angst fertigzuwerden, ein sinnloses Aufbäumen, wie Sie wissen. Schämen Sie sich nicht Ihrer Schwäche. Verhüllen Sie lieber Ihr Haupt in der Gewissheit, dass in wenigen Augenblicken alles vorbei ist.

Zum Schluss

Diese Schrift hat keine abschließende Lösung, und es ist fraglich, ob es eine geben kann. Ohne eine Lösung aber gibt es auch kein Ende, weil immer noch etwas offenbleibt. Die Schrift muss also von Ihnen, liebe Leser, fortgeführt werden, mit Streichungen, Ergänzungen und Neuem.

Machen Sie einen Spaziergang über eine Waldwiese – alles, was Sie in die Hand nehmen, war Leben, ist Leben oder könnte Leben werden. Dafür brauchen Sie keine komplizierten Definitionen von Leben zu bemühen. Das gilt auch für sie. Sie sind Leben, werden irgendwann Leben gewesen sein, und aus dem, was Sie waren, könnte wieder neues Leben werden. Das wissen Sie natürlich längst. Und auch, dass diesem Kreislauf nicht zu entkommen ist. Selbst wenn es dem Tod gelänge, alles Lebendige in „tote" Materie zu überführen, könnten wir sicher sein, dass es dem Leben gelänge, aus dieser „toten" Materie Schritt für Schritt wieder Lebendiges zu erschaffen. Diese Sicherheit haben wir, weil die Struktur unseres Denkens gar nichts anderes zulässt. Tod (als Nicht-Leben) ist ohne Leben nicht denkbar. Allerdings ist in diesem Kreislauf für die Einmaligkeit Ihres individuellen Lebens kein Platz.

Sind Sterben und Tod also überhaupt ein Problem? Oder ist nicht vielmehr alles ganz einfach? Wie die Nacht auf den Tag folgt, so folgt der Tod auf das Leben. Da gibt es doch nichts zu hinterfragen. Nun, diese schon eingangs gestellte Frage haben wir jetzt beantwortet. Der Tod ist eben nicht einfach das Ende des Lebens, sondern steckt wie ein schmerzender Stachel bereits im Leben, in dem er doch eigentlich nichts zu suchen hätte, wenn er lediglich das Ende wäre, wie der Fall des Vorhangs nach dem Schlussakkord. Er ist erklärungsbedürftig, weil er uns Angst macht.

Diese Angst hat viele Gründe, mit denen wir uns beschäftigt hatten, ebenso wie mit den Möglichkeiten, die Angst zu bewältigen. Wenn Sie also Angst vor Sterben und Tod haben und diese Angst bewältigen wollen, müssen Sie immer wieder Ihre Situation durchdenken. Einige Argumente habe ich Ihnen gebracht, weitere müssen Sie selbst finden und wiederum durchdenken. Dabei muss Ihnen klar sein, dass es sich um einen kontinuierlichen Prozess handelt, bei dem sich in jedem Lebensalter und in den wechselnden Situationen im Leben neue Einsichten ergeben. Allein schon das Durchdenken der vielfältigen Gründe für die Angst vor dem Tod wird Sie entlasten, ohne Sie allerdings von Ihrer Todesangst zu befreien. Immer werden Sie sich dabei mit der Schwierigkeit konfrontiert sehen, dass sie leben wollen, aber nicht am Leben hängen dürfen, wenn Sie die Todesangst überwinden wollen. Sie müssen also auch systematisch alle Gründe durchgehen, warum Sie am Leben hängen.

Zur Bewältigung der Todesangst müssen Sie aber noch einen entscheidenden Schritt weitergehen. Sie müssen systematisch lernen zu sterben. Man kann Sterben lernen, religiöse Orden haben das praktiziert und praktizieren es noch heute durchaus mit Erfolg. Allerdings können Sie das nur sehr begrenzt übernehmen. Denn sterben lernen heißt immer auch Verzicht auf Leben, heißt immer, unter dem Gebot zu leben, ständig an den Tod zu denken. Das ist vielleicht in religiösen Orden möglich, kaum aber unter den Bedingungen eines Lebens in der modernen Gesellschaft. Dort müssen Sie arbeiten, Geld verdienen und vorsorgen. Das zwingt zu Tätigkeiten und Verhaltensweisen, die mit Verzicht auf Leben eben nicht vereinbar sind. Dazu kommt, dass die religiösen Orden ein Ziel haben (das bei den verschiedenen Orden unterschiedlich sein kann, aber immer ein Ziel ist, das nicht von dieser Welt ist). Ein solches Ziel werden Sie nicht haben, und es ist auch nicht ohne Weiteres zu bestimmen. Dazu ist eine grundlegende Selbstbestimmung Voraussetzung, die unter den Bedingungen modernen Lebens ebenfalls nicht oder nur sehr begrenzt möglich ist. Sie werden sogar feststellen, dass dieses moderne Leben im Gegenteil gerade so angelegt ist, dass Sie dafür gar keine Zeit haben sollen. Denn die

Gesellschaft braucht Sie für dieses und nicht für ein künftiges Leben und möchte ungern auf Sie verzichten. Deshalb werden Sterben und Tod und die Angst davor aus diesem Leben ausgeklammert; es sind Probleme, deren Lösung die Gesellschaft bestimmten Einrichtungen (Medizin, Kirchen, Hospizen mit Sterbehelfern) zugewiesen hat, in der Hoffnung, Sie damit zumindest vorerst zu beruhigen.

Wir haben schließlich gesehen, dass tiefster und letzter Grund für Ihre Angst vor Sterben und Tod Ihr eigenes Denken ist. Dessen Gesetzmäßigkeiten sind wie die Grenzen eines Gefängnisses, das Sie nicht verlassen können. Sie müssen so denken, wie Sie denken. Drogen und Krankheiten können Ihr Denken ändern, in die Freiheit werden Sie damit aber nicht entlassen, weil Sie sich mit Drogen selbst zerstören oder durch Krankheiten zerstört werden.

Ihre Vernunft oder besser Ihr vernünftiges Denken gibt Ihnen begrenzte Möglichkeiten, die Angst vor dem Tod zu überwinden. Wir haben das weiter oben besprochen. Die Möglichkeiten sind aber notwendig begrenzt, weil die Vernunft, mit der Sie die Angst besiegen wollen, die Grundlage dieser Angst ist. Ja, es hat sich sogar ein Paradox ergeben: Je mehr die Menschen ihre Vernunft entwickeln, weil sie anders keine Möglichkeit sehen, die Angst zu besiegen, desto mehr wird ihre Angst wachsen. Die Menschen durchschauen diesen Zusammenhang aber nicht. Allerdings: Auf die Vernunft zu verzichten würde bedeuten, auf sein Menschsein zu verzichten, und das will niemand.

Nun werden Sie im Verlauf Ihres Lebens immer wieder Situationen erleben, in denen Sie nach menschlichen Maßstäben auf nichts mehr hoffen können. Ihr kritischer Verstand kann Ihnen in einer solchen Situation nichts anbieten. Sie treffen dann eine existenzielle Entscheidung und machen die Hoffnung zu Ihrem Lebensprinzip. Und lassen Ihr Wollen und nicht Ihren Verstand bestimmen. Sie könnten wollen, von den Toten aufzuerstehen und ein ewiges Leben zu führen:

Dann leben Sie weiter vernunftgemäß, zerreißen aber den durch die Vernunft gegebenen Zusammenhang zwischen Leben und Tod. Sie verzichten nicht auf Ihren Verstand, sondern stellen ihn einfach an zweite Stelle. In Ihrer Verzweiflung und in Ihrer Verlassenheit denken Sie sich Gott nicht mehr als ein Prinzip, sondern als „wirklich", denn dann gibt es jemanden, der sich frei von allen menschlichen Beschränkungen um Sie kümmern und in seiner Allmacht Ihre Leiden stillen kann. Sie glauben an einen personalen Gott, der Ihnen zuhört und der Ihnen Hoffnung gibt. Die Kirchen bestärken Sie darin, in Gott nicht ein vom Verstand gesetztes Prinzip, sondern einen personalen Gott zu sehen, der eine Auferstehung von den Toten und ein ewiges Leben, Ihren letzten und eigentlichen Wunsch, gegen Ihr kritisches Denken wahr macht. Und wenn es Ihnen gelingt, zu glauben, und bei den immer wieder auftretenden Zweifeln immer wieder gelingt, den Glauben zu bewahren, dann haben Sie einen wesentlichen Schritt zur Bewältigung der Todesangst getan. Denn dann bestimmt Ihr Wollen Ihr Denken, und Ihr Wollen will den Tod nicht. Es kann Einwände einfach wegwischen und muss dafür keine überzeugenden Gründe geben. Es kann natürlich sein, dass man Sie dann belächelt. Das müssen Sie aushalten, es ist noch eine der leichteren Prüfungen Ihres Glaubens. Andere werden kommen, etwa wenn der angerufene personale Gott nicht antwortet und Sie das Gefühl haben, doch allein zu sein. Wenn Sie auch diese letzte Prüfung bestehen und weiterhin an Gott glauben, obgleich er nicht antwortet, dann sind Sie endgültig aus der Todesangst entlassen. Denn dann leben Sie in der Gewissheit, von den Toten aufzuerstehen und ewig zu leben. Mit diesem neuen Bewusstsein sind Sie ein anderer Mensch geworden. Prüfen Sie sich, ob Sie in Ihrem Leben einen Glauben entwickeln können, der Sie zuverlässig aus dem Gefängnis Ihres Denkens trägt. Dann treten Sie mit dem Tod an die Seite Gottes und sind so aus der erbarmungslosen Verlassenheit in Sterben und Tod gerettet.

Allerdings können viele Menschen nicht glauben, weil für sie Auferstehung von den Toten und ewiges Leben mit Ihrem kritischen Denken nicht vereinbar ist. Auch für sie gibt es einen Weg: Skeptisch leben und sich nichts vom Leben erwarten, radikal wie der oben erwähnte persische Dichter, der erklärt hat: „... ich erwarte nichts hier und erhoffe nichts dort". Dann bräuchten Sie keine Angst vor dem Tod zu haben, denn er könnte Ihnen nichts mehr nehmen. Es wäre eine Revolution der Denkart, die alles Bisherige in den Schatten stellte. Gleichgültig durchs Leben gehen, den leichten Ekel beim Anblick der menschlichen Komödie hinunterschlucken, kaltblütig Leidenschaften betrachten und auf nichts mehr hoffen, weil alles so und so gesehen werden muss und damit letztlich alles belanglos ist. Das einzige Ereignis, das für den Skeptiker nicht belanglos ist, ist sein eigener Tod. Vor dem er gerade keine Angst hat. Denn der eigene Tod schafft dem Skeptiker die Bedingung, unter der er sich konsequent jeden Urteils enthalten kann. Wie er es eigentlich immer erstrebt hat, es aber unter den Bedingungen eines Lebens in der Welt nie verwirklichen konnte. Aber auch hier ist eine kritische Prüfung unerlässlich. Ist solch ein skeptisches Leben überhaupt möglich, das permanentes Abschiednehmen zum Prinzip macht? Ist nicht jede Sekunde unseres Lebens Aufforderung an uns, das Leben zu lieben, das geliebt werden will, weil es den Tod besiegen will, der doch nicht besiegbar ist, aber auch nicht siegen kann? Endet also alles in Ratlosigkeit? Nein, denn wir haben eine Entwicklung durchlaufen, die uns verändert hat.

Wir saßen ratlos. Und starrten in eine schwarze Nacht, in der sich nichts mehr regte und in der es kein Geräusch mehr gab. Als letzte Menschen in einer Welt, die von den Menschen verlassen wurde. Und tappten in der Dunkelheit unseres Gefängnisses entlang der Wände auf der Suche nach einem Ausgang, weil wir die Hoffnung nicht aufgeben konnten, dass draußen Vater und Mutter auf uns warten und alles wieder gut wird.

Wir wollten Rätsel lösen, die keine Rätsel sind. Und wollten Hoffnungen wahr werden lassen, die es nicht gibt. Wir glaubten uns als Zuschauer in einem Theater, in dem eine Aufführung über

Leben und Sterben der Menschen gegeben wird. Und merkten erst spät, dass wir selbst die Schauspieler sind, die wir doch eigentlich beobachten wollten, mit kleinen, bescheidenen Rollen, die froh sein müssen, wenn sie ihren Text nicht vergessen. Und erkannten schließlich, dass wir nichts mitbekommen können von der Aufführung, weil wir nicht wissen, wo der Zuschauerraum ist.

Doch jetzt haben wir uns erhoben. Wir öffnen die Tür und treten auf die Straße. Hastende Menschen, schwankende Lichter und das ferne Singen der S-Bahn. Alles wie immer. Was sollen wir tun? Erleichtert ins Haus zurückgehen und uns ins Bett legen, weil die Schmerzen wieder einmal vorbei sind und sich der Albtraum verflüchtigt hat? Nein, diesen Weg zurück gibt es nicht mehr. Wir gehen also weiter, passen unseren Schritt dem Schritt der anderen an, ebenso wie wir uns anpassen in Kleidung, Mimik und Gestik und letztlich auch in dem, was wir denken und sagen. Und doch hat sich etwas verändert, wir haben unsere Unbefangenheit gegenüber dem Leben verloren, das nicht mehr selbstverständlich ist. Wir sind zwar mitten unter den Menschen, gehören aber nicht mehr dazu.

Literaturhinweise

Aksakov, S. T.: Bagrovs Kinderjahre. Zürich 1978

Ariès, Philippe: Geschichte des Todes. München 1997

Augustinus, Aurelius: Bekenntnisse. Übersetzt von Wilhelm Thimme. Zürich 1970

Bardi, R. B.: Der Kaiser, die Weisen und der Tod. Wien 1938

Camus, Albert: Die Pest. Hamburg 1998

Choron, Jacques: Der Tod im abendländischen Denken. Stuttgart 1967

Czycholl, Dietmar (Hg.): Als ich am gestrigen Tag entschlief. Berlin 2000

Driesch, Hans: Wirklichkeitslehre. Leipzig 1930

Epikur: Von der Überwindung der Furcht. Eingeleitet und übertragen von Olof Gigon. Zürich 1949

Feuerbach, Ludwig: Gedanken über Tod und Unsterblichkeit. Sämtliche Werke, Erster Band. Herausgegeben von W. Bolin und F. Jodl. Stuttgart 1903

Geier, Manfred: Kants Welt. Hamburg 2004

Högl, Stefan: Transzendenzerfahrungen: Nahtod-Erlebnisse im Spiegel von Wissenschaft und Religion. Marburg 2006

Jones, Ernest: Sigmund Freud. Bern 1962

Kierkegaard, Sören: Die Krankheit zum Tode. Übersetzt von H. Gottsched. Kopenhagen 1849

Marcel, Gabriel: Gegenwart und Unsterblichkeit. Übersetzt von Herbert P. M. Schaad. Frankfurt am Main 1961

Marcel, Gabriel: Leibliche Begegnung. In: Leiblichkeit. Herausgegeben von Hilarion Petzold. Paderborn 1985

Marten, Rainer: Der menschliche Tod. Paderborn 1987

Scheler, Max: Vom Ewigen im Menschen. Berlin 1933

Scherer, Georg: Das Problem des Todes in der Philosophie. Darmstadt 1979

Schur, Max: Sigmund Freud: Leben und Sterben. Frankfurt am Main 1977

Seneca: An Lucilius. Darmstadt 1974

Tolstoi, Leo: Erzählungen. Stuttgart 2010

Toynbee, Arnold (Hg.): Vor der Linie. Frankfurt am Main 1970

Tugendhat, Ernst: Über den Tod. In: Aufsätze 1992–2000. Frankfurt am Main 2001

Weischedel, Wilhelm: Skeptische Ethik. Frankfurt am Main 1976

Wiesing, Lambert: Das Mich der Wahrnehmung. Frankfurt am Main 2009

FSC
www.fsc.org
MIX
Papier | Fördert
gute Waldnutzung
FSC® C083411

Zeitfracht Medien GmbH
Ferdinand-Jühlke-Straße 7
99095 Erfurt, Deutschland
produktsicherheit@kolibri360.de